Thema Musik

Geistliche Musik

Arbeitsheft für den Musikunterricht in der
Sekundarstufe II an allgemein bildenden Schulen

von
Hans Bäßler

herausgegeben von
Ortwin Nimczik

Ernst Klett Schulbuchverlag Leipzig
Leipzig Stuttgart Düsseldorf

Inhalt

Geistliche Musik – eine Annäherung

Alle Musikkulturen haben ihre Wurzeln in den jeweiligen Religionen. Menschen drückten sich musikalisch aus, um eine Gottheit zu verehren, sie um Hilfe anzurufen, ihr zu danken für die erfahrene Hilfe. In der religiösen Musik schlug sich die Angst des Einzelnen ebenso nieder wie die Hoffnung, die Musik sollte trösten, sollte wachrütteln.
Zunächst war die religiöse Musik ausschließlich an den Kultus gebunden, an Riten, Gottesdienste, an Weihefeste, an Prozessionen. Sie bezog sich – nicht immer, aber doch in der Regel – auf eine Kultgemeinde, die Musik als Gemeinschaft stiftendes Gotteslob verstand. Die Gemeinschaft artikulierte sich in ihrer Freude ebenso wie in ihrem Leid in und durch die Musik. Dies konnte soweit gehen, dass die politische mit der kultischen Gemeinschaft verschmolz, ja dass die Musik entscheidend der Identitätsstiftung diente.

Was für die religiöse Musik ganz allgemein, d. h. unabhängig von Kulturen und von Epochen der Menschheit, galt und teilweise gilt, bezieht sich natürlich auch auf die christlich abendländische Musik, die ihren Ursprung in der jüdischen Tradition hat. Sie entwickelte sich ständig weiter, veränderte sich nicht nur stilistisch, sondern auch bezogen auf den „Sitz im Leben“: War sie zunächst ausschließlich liturgisch bestimmt, so wird sie in der Zeit der Aufklärung immer stärker auch für die häusliche Andacht verwendet. Andererseits verlässt sie zu Beginn des 19. Jahrhunderts die Kirche bzw. das Haus: Beethovens *Missa solemnis* aus dem Jahre 1827 beispielsweise ist ebenso ein Werk für den Konzertsaal wie Mahlers VIII. Symphonie, die in ihrem 1. Teil den mittelalterlichen Hymnus *Veni creator spiritus* verarbeitet. Hier schließlich ist zu fragen, inwieweit diese Kompositionen überhaupt noch als geistliche Musik bezeichnet werden können oder ob es hier eine Grenzüberschreitung gegeben hat.

✔ Entwickeln Sie zunächst ein kirchenmusikalisches Profil Ihrer Klasse oder Ihres Kurses.

✔ In welchem Maß spielt die geistliche Musik in Ihrer Familie eine Rolle?

✔ Untersuchen Sie die Situation der Kirchenmusik in Ihrem Ort. Stellen Sie dabei in verschiedenen Gruppen fest, welche Musik in welchen Kirchen zu welchen Anlässen erklingt, und dokumentieren und präsentieren Sie Ihre Ergebnisse. Befragen Sie jeweils auch die Kirchenmusiker, die Geistlichen und Gemeindeglieder nach der Bedeutung der Musik für sie persönlich.

✔ Diskutieren Sie die Ergebnisse Ihrer Befragung unter dem folgenden Hauptgesichtspunkt: Inwieweit spielt die Tradition bzw. die Geschichte der geistlichen Musik im heutigen gesellschaftlichen Leben Ihres Ortes noch eine Rolle? Eine Straßenumfrage in Zusammenhang mit der vorigen Aufgabe könnte Ihre Befragung abrunden.

Der Musikwissenschaftler Friedrich Blume umschreibt das Problem folgendermaßen:
„Ich will mich nicht auf das Glatteis von Definitionsversuchen begeben und beschränke mich darauf anzudeuten, welche Zweifel in der Abgrenzung von ‚kirchlicher‘, ‚geistlicher‘ und ‚weltlicher‘ (oder halbgeistlicher und halbweltlicher) Musik liegen. Sind L. Lechners sogenannte Sprüche von Leben und Tod, *ist Buxtehudes* Rhythmica Oratio ad unum quodlibet membrorum Christi, *sind J. Rists Lieder kirchliche oder ‚nur‘ geistliche Musik? Lassos Buß-Psalmen, an den Hof- und Kirchenkapellen des ausgehenden 16. Jahrhunderts weit verbreitet, K. H. Grauns* Tod Jesu, *über ein Jahrhundert hin die meistgesungene Passionsmusik des protestantischen Bereiches, Händels* Messias, *im 19. Jahrhundert ebenso wie seine alttestamentlichen Oratorien als kirchlich aufgefasst, Hasses* Pellegrini, *allenthalben bei den Konzertvereinigungen beliebt, sind sie Kirchenmusik oder nicht? Wie steht es mit der nicht cantus firmus-gebundenen Orgelmusik von Scheidt bis Reger, wie steht es sogar mit der organistischen Choralbearbeitung von Praetorius bis Reda? Musik für den Gottesdienst? Andachtsmusik? oder Musik für den konzertartigen Vortrag? Hat* Das Gesicht des Jesajas *von W. Burkhard, haben die* Lamentationes Jeremiae *von E. Krenek etwas mit dem Gottesdienst zu tun? Oder sind sie geistliche*

Cantionale
Liturgisches Rollenbuch für die Kantoren des Deutschen Ordens
abgebildete Seite: Gesänge zu Christi Himmelfahrt *(Pro Sacro Die Ascensionis Domini)* fol. $61^{v}/62^{r}$

Konzertmusik? Wo steht Ein deutsches Requiem *von Brahms, wo Verdis Requiem auf Manzoni und wo Bruckners* Te Deum*? Die geistlichen Singspiele, die J. Theile für das Haus am Hamburger Gänsemarkt komponiert hat, und die Abendmusiken, die der Marienorganist D. Buxtehude für sein Publikum von reichen Kaufleuten geschrieben hat, die einen für die Opernbühne, die anderen für die Kirchenempore bestimmt, stehen einander so nahe wie noch Bachs geistliche und weltliche Kantaten, von denen eine Anzahl sogar in der musikalischen Substanz identisch sind. Die Kontrafakturen des 16. wie die Parodien des 18. Jahrhunderts haben keine Grenzen musikalischer Natur anerkannt, und im Oratorium des 19. bis 20. Jahrhunderts verwischen sich vollends die Unterschiede zwischen ‚geistlich' und ‚weltlich'".*

Was aber könnte geistliche Musik heißen? Wir schließen uns der Definition des Musikwissenschaftlers Hans Heinrich Eggebrecht an:
„‚Geistlich' (so auch das ‚Geistliche') verstehe ich im Blick auf Musik als gottbezogen, gottgerichtet. So wie der Geistliche jemand ist, dessen Amt gottgerichtet ist, und so wie ein geistlicher Text, ein geistliches Gedicht von Gott spricht. Dabei ist Gott in dem hier in Rede stehenden Raum des Denkens der Gott, der sich den Menschen durch Christus geoffenbart hat. Geistliche Musik ist gottbezogene Musik, bezogen auf den Gott des Christentums, und so wäre auch das Geistliche ein in der Musik gelegener Bezug auf den christlichen Gott."
Insofern befasst sich dieser Band nicht mit anderen Kulturen und ihrer religiösen Musik, so interessant es für einen Vergleich sein könnte. Vielmehr versucht er einen Einblick in den Reichtum der etwa 1500-jährigen Geschichte der christlichen Kirchenmusik zu geben, die natürlich in ihrer ganzen Vielfalt auch nicht annähernd vollständig erfasst werden kann. Die Fenster, die mit diesem Heft geöffnet werden sollen, umfassen einerseits die Spanne zwischen den frühen Formen des 5. Jahrhunderts n. Chr. bis zur Gegenwart, andererseits gewähren sie Einblick, in wie unterschiedlicher Weise sich geistliche Musik selbst verstand, je nachdem, für welchen Anlass sie geschrieben wurde. Denn die geistliche Musik sieht sich immer in einem Bezug zu einem konkreten Geschehen; sie ist funktionale Musik, die ohne ihren Ort keinen rechten Sinn ergeben will. Selbst dort, wo man sie an anderem Ort hörte, als für den sie gedacht war (z. B. wenn man im Radio eine Kantatensendung hört, im Fernsehen ein Gospelchor auftritt), ist für den Zuhörenden der Bezug zu dem eigentlichen Ort und der eigentlichen Intention klar.
Doch kann man von einer selbstverständlichen Beziehung zwischen der Intentionalität des Komponisten und den Erfahrungen der Zuhörer heute kaum noch ausgehen. So hört man immer wieder Werke oder Melodien geistlicher Musik in ganz anderen Zusammenhängen bis hin zur Pop-Musik, ohne dass ihnen der Bezug vermittelt worden wäre.
Eine Kritik an dieser Situation wäre vollkommen unangebracht, vielmehr muss sie unvoreingenommen konstatiert werden als eine Voraussetzung für die Beschäftigung mit unserem Thema. Dadurch, dass gerade die geistliche Musik zugleich präsent und fremd scheint, stellt sie einen besonderen Reiz für genaueres Beobachten dar. Es bedarf daher eines genauen Betrachtens des Ursprungs, des Sinns des Werkes, um ein Stück zu entdecken, zu verstehen.
Man mag sich fragen, ob es das Geistliche sei, das es zu entdecken gilt. Doch stellt sich schnell heraus, dass wir in der Musik zwar Töne, Klänge, Geräusche in einem bestimmten Regelwerk entdecken können, doch es ist nicht das Geistliche selbst; wir entdecken höchstens nur einen Hinweis auf die Intention einer Komposition, sie entnehmen wir dem unterlegten Text oder dem Hinweis einer Satzbezeichnung, vielleicht auch einer symbolisch zu verstehenden Struktur, die sich beispielsweise durch Zahlen und Pro-

portionen ausdrückt, die der Komponist als Hinweis verstanden haben könnte. Die Musik selbst bewegt den Menschen, sie stimmt ihn traurig, macht ihn froh, doch sie ist nur dann geistliche Musik, wenn sie in ihrer Intention erkannt wird.

Vielfalt der Orte – Vielfalt der Zeiten

Ausgangspunkt aller geistlicher Musik ist der Gemeindegesang, der Menschen zusammenführt. Er musste, weil zunächst auswendig gesungen, sehr einfach in der Melodieführung gehalten sein. Zugleich führte er Menschen zusammen, artikulierte ihren Gottesbezug. Allein in seinen vielfältigen stilistischen Ausprägungen lässt sich erkennen, wie sehr er an Zeiten und Orte gebunden ist. Ob es sich um einen alten Hymnus oder einen Gospelsong, um ein Kirchentagslied oder einen gregorianischen Choral handelt: In jedem Beispiel verbinden sich ganz unterschiedliche Orte mit unterschiedlich gestalteter gemeindlicher Musik. Mag die Aussage gleich oder ähnlich sein, die Andersartigkeit von Menschen mit ihren ganz eigenen Erfahrungen verlangt nach einer eigenen Musik, die sich auch in unterschiedlichsten Räumen abspielt.

Die frühen Formen finden wir in den mittelalterlichen Gesängen, die entweder von der ganzen Gemeinde oder – stellvertretend für sie – von einer Gruppe von Mönchen gesungen wurden. Es handelt sich hier

- um Hymnen, die gelegentlich von allen Gemeindegliedern gesungen wurden
- um den gregorianischen Choral, der aufgrund seines hohen Anspruchs nur von entsprechend ausgebildeten Sängern realisiert werden konnte.

Diese zunächst ausschließlich einstimmige Musik war an die verschiedenen Gottesdienstformen gebunden und wurde erst im ausgehenden Mittelalter als Bearbeitung, als Zitat und als Umdeutung in Kompositionen eingebunden, die dann nicht mehr von der Gemeinde selbst, sondern nur von professionell ausgebildeten Musikern ausgeführt werden konnten. Damit löste sich zugleich die enge Anbindung an den Gottesdienst. Es fanden Konzerte statt, in denen Werke aufgeführt wurden, die sich des Materials der Choräle bedienten.
Durch die konfessionellen Unterschiede entstanden Kompositionen, die sich nur in der theologischen Differenz zwischen den beiden großen Kirchen verstehen lassen. Hörbar werden diese Unterschiede auch über die benutzte Sprache: Während im katholischen Rahmen vorwiegend lateinische Texte vertont wurden, verwenden die protestantischen Komponisten eher Texte der deutschen Bibel, Lieder aus dem Gesangbuch oder neu gedichtete Andachtstexte. In der evangelischen Kirche wird die Musik zusätzlich von der theologischen Spannung zwischen Pietismus und lutherischer Orthodoxie beeinflusst. Zu Beginn des 21. Jahrhunderts ist diese Spannung kaum noch nachvollziehbar, vor 300 Jahren aber entstanden durchaus Krisen, mit denen sich auch Kirchenmusiker auseinandersetzen mussten.
Die katholische Kirchenmusik dagegen beruht auf der Vertonung der liturgischen Gesänge auf der Basis des gregorianischen Chorals und der alt- und neutestamentlichen Texte.
Nachfolgend werden einige Linien kirchenmusikalischer Arbeit bis in die Gegenwart hinein vorgestellt, um besser zu verstehen, warum es in der heutigen Praxis der geistlichen Musik ein derart breites Spektrum gibt.

Elias-Kirche Berlin-Prenzlauer Berg (erbaut 1910)

✔ Informieren Sie sich über den Gegensatz zwischen der lutherischen Orthodoxie und dem lutherischen Pietismus.

1500 – 1540

Politik

1502 • Bundschuhverschwörung unter Joß Fritz

1503 • Erlaubnis des Papstes für Deutschritter zum Ablassverkauf

1505 • Verkauf kirchlichen Sündenablasses durch Tetzel

1517 • Bauernaufstände; Luthers 95 Thesen

1519 • in Disputation zu Leipzig zwischen Luther und Eck; Luther bricht mit der katholischen Kirche

1521 • Martin Luther verweigert Widerruf seiner Lehre; Wormser Edikt

1522 • Luther gegen sozialrevolutionären Kampf Thomas Müntzers

1524 • Deutscher Bauernkrieg, Luther stellt sich gegen die Aufständischen

1525 • Albrecht von Brandenburg bekennt sich zur Reformation; Niederlage der aufständischen Bauern

Kultur

1502 • Gründung der Universität Wittenberg

1505 • Leonardo da Vinci: *Mona Lisa*

1508 • Michelangelos Gewölbefresken der Sixtinischen Kapelle

1512 • Scheitern der Versuche einer Kirchenreform im V. Laterankonzil (= allgemeine Kirchenversammlung)

1522 • Luther verdeutscht Bibel

1528 • Martin Agricolas 1. protestantische Musiklehre *Eyn kurtz deutsche Musica*

1529 • Luther: *Kleiner und Großer Katechismus*

1534 • Luther: Erstausgabe der 1. Bibelübersetzung

1536 • Johann Calvin: *Christianiae religionis Institutio* (= Grundlage der Reformierten Kirche) zusammen mit Zwingli

Martin Luther

Martin Luther (1483–1546)

Martin Luther gehört zu den wichtigsten Theologen des 16. Jahrhunderts. Seine Lehre führte in der Auseinandersetzung mit der Kirche zu deren – vom ihm nicht ursprünglich gewollten – Spaltung in katholische und evangelische Kirche.
Die Musik hat für ihn den ersten Platz nach der Theologie; sie ist ein Geschenk Gottes, eine Trösterin und er weiß ihre erzieherische, bildende Kraft zu schätzen. 1530 schreibt er in einem Traktat *Über die Musik*: „*... weil sie die Seelen fröhlich macht, weil sie den Teufel verjagt, weil sie unschuldige Freude weckt. Darüber vergehen die Zornanwandlungen, die Begierden, der Hochmut ...*"
Im Januar 1524 schreibt er: „*Wir planen ... für die Gemeinde deutsche Psalmen zu dichten, geistliche Gesänge, damit Gottes Wort auch gesungen im Volk lebe.*" Bereits im Jahr 1523 schafft Luther sechs solcher Psalmlieder, zu denen er teilweise auch die Melodien komponiert; u. a. *Aus tiefer Not schrei ich zu dir* I, 1, *Es woll uns Gott genädig sein*, *Ach Gott, vom Himmel sieh darein*. Diese christologisch ausgedeuteten Psalmlieder fungieren als gesungene Bibel: Die Bibel legitimiert das Singen – Singen interpretiert die Bibel – eine fruchtbare Wechselwirkung!

In den Jahren 1523/24 textet und komponiert Luther 24 Lieder unterschiedlichster Gattung und Funktion. Er sammelt, prüft und bearbeitet das bereits vorhandene Liedgut. Seinen Liedern liegen nur wenige freie Dichtungen zugrunde. Auf diese Weise entstehen zu den Festzeiten der Jahre 1523/24 die jeweils benötigten Lieder. Er überträgt Lieder, die er aus dem klösterlichen liturgischen Gebrauch kennt (z. B. die altkirchlichen Hymnen). Bewusst übernimmt er dabei die vierzeilige Strophenform sowie die zugehörigen „schlichten" Melodien, die sich leicht zum Gemeindegesang umformen lassen. So entstehen die Lieder *Nun komm der Heiden Heiland* und *Christum wir sollen loben schon*. Zudem übernimmt er die schon vorhandenen deutschen Gesänge, die Leisen, bzw. erweitert sie durch Hinzufügung weiterer Strophen (z. B.: *Christ ist erstanden*, *Gelobet seist du, Jesu Christ*).

1483 in Eisleben geboren
1501 Studium an der Universität Erfurt
1505 Eintritt ins Kloster (1507 Priesterweihe)
1512 Doktor der Theologie und Professor an der Universität Wittenberg
1517 31.10. Luthers 95 Thesen
1520 verbrennt er öffentlich die päpstliche Bulle
1525 Hochzeit mit Katharina von Bora
1546 stirbt er in Eisleben

Leisen:
volkstümliche alt/mittelhochdeutsche Kirchenlieder mit ein- oder angefügter Akklamation *Kyrie eleison*

Nach der Hochblüte geistlicher Musik im Spätmittelalter bilden sich in den einzelnen Ländern Regionalstile heraus. Es entsteht ein sehr farbiges Bild einer Zeit, in der die Kirchenmusik sowohl der Grundpfeiler der musikalischen Praxis überhaupt ist, als auch über die in der Gesellschaft selbstverständlich verankerten Gottesdienste das öffentliche und soziale Leben entscheidend prägt.
Die konfessionellen Gegensätze, die sich in den verschiedenen Religionskriegen niederschlugen, lassen sich nicht in der Musik selbst, d.h. in ihrer Stilistik entdecken. Die Komponisten übernehmen ganz unabhängig von der jeweiligen Kirchenzugehörigkeit Anregungen und integrieren sie in ihre jeweilige Musik.
Das Jahrhundert der Reformation und Gegenreformation zeichnet sich durch Reformen auch der Liturgie besonders in den evangelischen Ländern des Deutschen Reiches aus. Thomas Müntzer veröffentlicht bereits 1523 sein *Deutsch Kirchenamt*, mit dem er deutsche Gottesdienstformen schafft und für das er elf altkirchliche Hymnen unter Beibehaltung der gregorianischen Melodien aus dem Lateinischen übertragen hat.

Luther versteht sich als Reformer auch bewusst in der musikalischen Tradition der Kirche; doch werden gerade seine Neuansätze als radikal empfunden. Zusammenfassend kann man sagen:

- Er übernimmt den Ablauf des lateinischen Gottesdienstes,
- erklärt die deutsche Sprache zur Gottesdienstsprache und
- bezieht die ganze Gemeinde durch den evangelischen Choral wesentlich stärker in das gottesdienstliche Geschehen ein.

Tridentiner Konzil:
Das Konzil von Trient, auch Tridentinisches Konzil oder Trienter Konzil genannt, tagte zwischen 1545 und 1563.
Es wurde vom Papst als Reaktion auf die Reformation Martin Luthers einberufen. Viele der 1564 von Pius IV. bestätigten Beschlüsse des Konzils sind bis heute innerhalb der katholischen Kirche verbindlich.

1540 — **1600**

1545 • Konzil von Trient (= allgemeine Kirchenversammlung)

1547 • † Heinrich VIII., sein Nachfolger Edward VI. führt den Protestantismus in England ein

1551 • Fürstenbund zu Torgau gegen Kaiser Karl V.

1555 • „Augsburger Religionsfrieden“; Reichsstände erhalten das Recht, die Konfession ihres Landes festzulegen

1562 • Hugenottenkriege in Frankreich

1563 • Ende des Tridentiner Konzils

1585 • achter Hugenottenkrieg unter Heinrich III.

1593 • Heinrich IV. von Frankreich tritt zum Katholizismus über

1598 • ‚Edikt von Nantes‘, Katholizismus in Frankreich Staatsreligion, Protestantismus geduldet

1541 • Michelangelo: *Das jüngste Gericht*

1543 • Moritz von Sachsen: Einführung weltlicher Schulen in eingezogenen Klostergütern

1551 • Giovanni Pierluigi da Palestrina wird Kapellmeister in der Peterskirche in Rom

1580 • Konkordienbuch: Evangelisches Glaubensgebäude gültig zusammengefasst

1581 • Ballett *Ballet comique de la Reine* von Balthasar de Beaujoyeulx

1582 • Einführung des Gregorianischen Kalenders durch Papst Gregor XIII.

1591 • William Shakespeare: *Romeo und Julia*

1596 • Shakespeare: *Ein Sommernachtstraum*

1597 • Einigung von Galileo Galilei und Nikolaus Kopernikus auf das Kopernikanische (heliozentrische) Weltbild

Giovanni Pierluigi da Palestrina (1525–1594)

Palestrinas kompositorisches Schaffen weist eine außerordentlich große Anzahl von Werken auf. Insgesamt sind es mehr als 950, darunter Motetten, Messen, Hymnen, Offertorien, Lamentationen, Litaneien, Madrigale und Kanzonen. Insbesondere wurde seine *Missa Papae Marcelli* bekannt, die Palestrina als *musica sacra* den Titel des „Erretters der Kirchenmusik“ einbrachte. Palestrina hat dem kirchlichen a-cappella-Gesang durch eine klare, nicht verwickelte Vielstimmigkeit ein eigenes Gepräge gegeben. I, 2

1525 in Palestrina bei Rom geboren
1544–1551 Organist und Kapellmeister der Kathedrale seiner Heimatstadt
1551 Kapellmeister an der Cappella Giula
1555 von Papst Julius II. als Sänger in den Chor der Sixtinischen Kapelle berufen (obwohl er verheiratet war), einige Monate später enthob ihn der Nachfolger, Papst Paul IV., wieder des Amtes
1555–1560 Kapellmeister an San Giovanni
1561–1566 in S. Maria Maggiore
1571 bis zu seinem Tode war er Kapellmeister an der Peterskirche in Rom
1594 starb er in Rom und wurde in der Peterskirche beigesetzt

Claudio Monteverdi (1567–1643)

Für die europäische Musikgeschichte insgesamt, besonders aber für die der katholischen Kirche ist das kompositorische Werk Claudio Monteverdis bestimmend gewesen, der nicht nur mit seinen Opern (z. B. *Orfeo*, 1607; *Il ritorno d'Ulisse in Patria*, 1641), sondern mit der *Marienvesper* (1610) stilistisch eine neue Zeit begründet und dies, obwohl durch den „Palestrina-Stil“ die Stilistik der Kirchenmusik festgelegt zu sein schien. I, 3 Monteverdi gelingt dies, indem er die prima prattica mit der neuen seconda prattica verbindet. Monteverdis Kühnheiten sowohl melodischer, rhythmischer wie harmonischer Art führen zu einer großen Begeisterung wegen seiner die Sprache auslegenden Musik, die viele Nachahmer findet. Die Elemente der Oper finden so Eingang in die Kirchenmusik. Zugleich aber rufen sie Kritik hervor, weil man in diesem Stil den kirchlichen Duktus vermisst, den man von Palestrina her kannte.

1567 getauft in Cremona
1590 Sänger und Violaspieler am Hof der Gonzaga in Mantua
1601 herzoglicher Kapellmeister
1613 Kapellmeister an S. Marco in Venedig
1643 starb er in Venedig

Claudio Monteverdi

Giovanni Pierluigi da Palestina

Neben dem Theologen Luther ist der sächsische Musiker Johann Walter (1496–1570) der vielleicht wichtigste Musiker, der mit dem zwischen 1524 und 1551 in sechs Auflagen erscheinenden *Geystlich Gesangk Buchleyn* die entscheidenden kirchenmusikalischen Impulse besonders im mitteldeutschen Bereich gesetzt hat. Dieses *Gesangk Buchleyn* umfasst zwei Gruppen von Werken, deutsche Liedsätze und lateinische (!) liturgische Kompositionen.

Die katholische Kirche wiederum reagiert auf die reformatorischen Bestrebungen von Luther, Zwingli und Calvin mit der so genannten Gegenreformation im Konzil von Trient (1545–1563), die auf eine allgemeine Reform der katholischen Kirche abzielt. Auch im Hinblick auf die Kirchenmusik ergeben sich Änderungen, indem sie in Abkehr von der bisherigen Tradition eine wesentlich größere Textverständlichkeit fordert. Sehr schön lässt sich aus einem Brief von Bernardino Cirillo, Rektor der Santa Casa in Loreto, aus dem Jahre 1549 erkennen, worauf der Reformwille abzielt:

„Lass uns dann sehen, ob bestimmte verdorbene Praktiken aus der Kirche verbannt werden können, und ob überhaupt Musik die Menschen zu Religion, Frömmigkeit und Andacht bewegen kann.“
Der für diese Neuorientierung entscheidende Komponist war G. P. da Palestrina. Seine Bedeutung für die nachfolgende katholische Kirchenmusik zwischen 1570 und heute kann gar nicht hoch genug eingeschätzt werden; der strenge polyphone Stil seiner Messen, die Imitations- und Fugentechnik, die große Bedeutung der Wortverständlichkeit, aber auch der Verzicht auf äußerliche Virtuosität haben die Rede vom „Palestrina-Stil“ geprägt.

prima prattica:
traditioneller polyphoner Kompositionsstil mit kodifiziertem strengen Kontrapunkt, „Palestrina-Stil“

seconda prattica:
individueller, deklamatorischer, auf dem Generalbass basierender Kompositionsstil; freie Behandlung der Dissonanzen zur Darstellung des Wortaffektes.

1600 — 1650

Politik

1603 • Ende des „Elisabethanischen Zeitalters"

1604 • Reformation in Österreich und Ungarn scheitert

1608 • Gründung „Protestantische Union"

1616 • Verurteilung der Lehren und Verbot der Schriften des Nikolaus Kopernikus durch vatikanische Kurie

1618 • Beginn des 30 jährigen Krieges; „Prager Fenstersturz"

1629 • Restitution: Dt. Kaiser fordert Rückgabe von Kirchengut

1647 • „Quäker" gegründet durch George Fox (Gesellschaft der Freunde)

1648 • Ende des 30 jährigen Krieges durch den Westfälischen Frieden

Kultur

1607 • Claudio Monteverdi: *L'Orfeo* Schlüsselwerk der Gattung Oper

1611 • Johannes Keplers Gesetze der Planetenbewegung in *Dioptrice*

1613 • Galileo Galilei stellt wissenschaftliche Wahrheit über die Bibelwahrheit

1625 • Hugo Grotius: *De iure belli ac pacis* (= Grundzüge des modernen Völkerrechts)

1626 • nach 120 Jahren Bauzeit Peterskirche in Rom fertiggestellt

1627 • Uraufführung der 1. deutschen Oper *Dafne* von Heinrich Schütz

1633 • Römische Inquisition zwingt Galilei zum Widerruf seiner astronomischen Forschungsergebnisse

Heinrich Schütz

Heinrich Schütz (1585–1672)

Ausgesprochen stark ließ sich der Protestant Schütz von der italienischen Musik anregen. Seine *Psalmen Davids* (1619), die *Geistliche Chormusik* (1648) I, 4 oder seine Passionen stellen einen ganz gravierenden Einschnitt in der Geschichte der evangelischen Kirchenmusik dar. Zum einen übernimmt Schütz häufig den theatralischen Gestus der italienischen Musik, zugleich wechseln sich homo- und polyphone Teile miteinander ab. Aus der kirchenmusikalischen Praxis gerade am Markusdom in Venedig entlehnt er das Prinzip der Mehrchörigkeit. Neben der großangelegten Repräsentation finden sich kleinste Besetzungen für die häusliche Andacht oder den Gottesdienst, so die beiden Bände der *Kleinen geistlichen Konzerte*, die während des 30-jährigen Krieges geschrieben wurden. In allen Kompositionen entdeckt man, wie differenziert er mit der Interpretation einzelner Worte umgegangen ist, wie er Sinngehalte durch die Musik an- und ausdeutete.

1585 in Köstritz bei Gera geboren
1607 Jurastudium in Marburg
1609–1613 Ausbildung als Komponist und Organist in Italien
1617 Kapellmeister am sächsischen Hof
1672 starb er in Dresden

Dietrich Buxtehude (1637–1707)

Der Lübecker Komponist ist sicher der Komponist vor Johann Sebastian Bach, der die Orgelmusik des 17. Jahrhunderts zu einer ganz eigenständigen Bedeutung geführt hat. Von 1668–1707 ist er Organist an der Lübecker Marienkirche, wo er nicht nur die Gottesdienste musikalisch ausgestaltet, sondern zusätzlich die sogenannten Abendmusiken, also Konzerte mit geistlicher Musik. Seine Kantaten zeigen ein virtuoses Umgehen mit biblischen Stoffen, Kirchentexten, evangelischen Choral- und pietistischen Arientexten.
Sein umfangreiches Orgelwerk umfasst die gesamte Breite dessen, was zur damaligen Zeit im Gottesdienst möglich war: Präludien und Fugen in besonders ausgedehnter Form, Choralvorspiele und -variationen und besonders die weitausholende Choralfantasie.
Formal gesehen, vereinigt er so gut wie alle zur damaligen Zeit bekannten Kompositionstechniken: den von Frescobaldi gepflegten *stylus phantasticus*, die an Palestrina erinnernde Fuge, das Concerto, die Arie, Kantional- und Figuralsatz. I, 5

1637 wahrscheinlich in Oldesloe geboren
1657/60 Organist in Helsingborg/in Helsingør
1668–1707 Organist an Marienkirche Lübeck
1707 starb er in Lübeck

stylus fantasticus:
freier Kompositionsstil, der aus der „seconda prattica" der italienischen Musik des frühen 17. Jahrhunderts entstand und teilweise improvisierte Elemente des Gesangs in die Instrumentalmusik übernahm

Kantionalsatz:
vierstimmiger homorhythmischer Satz mit der Melodie in der Oberstimme, entstanden für das gemeinsame Singen des Figuralchores der Lateinschulen am Ende des 16. Jahrhunderts

Während die evangelische Kirchenmusik also stark vom Kirchenlied für alle geprägt wird, versteht sich die katholische in der Tradition des Mittelalters mit dem gregorianischen Choral als der Basis für die geistliche Musik. Ausgeführt wird diese Musik aufgrund ihres Schwierigkeitsgrades von einer Schola oder einem Chor. Der Ort dieser Musik ist der gottesdienstliche Raum.
Die Zeit des Barock ist ganz entscheidend geprägt von der Musik des Generalbasses, die ziemlich genau mit der Jahrhundertwende 1600 begann und mehr oder weniger mit dem Tod Bachs endete.
In dieser Epoche emanzipiert sich in vollkommen ungeahnter Weise die Orgel als Instrument innerhalb des Gottesdienstes, aber auch über ihn hinausweisend.
Es entstehen neue Gattungen der geistlichen Musik, bzw. alte gewinnen eine besondere Bedeutung: das Oratorium, die Passion, die Kantate, die Choralfantasie, das Geistliche Konzert.

Der evangelische Choral verändert sich in drei Richtungen:

1. Einerseits wandelt sich seine Funktion vom Lehrlied, das die biblisch-christlichen Grundpositionen reflektiert, hin zum sehr persönlich gefärbten Bekenntnislied.
2. Damit verändert sich aber auch der Anlass, für den die Lieder dieser Epoche gedacht sind: War es bislang der Gottesdienst, so ist es jetzt zunehmend auch die häusliche Andacht.
3. Schließlich entsteht aus dem evangelischen Choral die Andachtsarie, die von einer Gesangsstimme und dem *Basso continuo* musiziert wird und die ihren Ort ebenfalls im häuslichen Gottesdienst hat.

1650 — **1750**

1663 • „Reichstag“ als ständiger Kongress in Regensburg (bis 1806)

1701 • England, Niederlande, Österreich führen „Spanischen Erbfolgekrieg“ gegen Frankreich, Bayern, Köln um die französische Vorherrschaft in Europa; Kurfürst Friedrich III. „König in Preußen“

1702–1710 • letzter Hugenottenkrieg

1713 • Utrechter Friede Frankreichs mit England und den Niederlanden, mit Österreich 1714

1714–1727 • Georg I. König von England; Personalunion zwischen England und Hannover bis 1837

1740 • Preußen: Abschaffung der Folter und religiöse Toleranz

1745 • Frieden zu Dresden: Preußen erhält ganz Schlesien von Österreich und erkennt Kaiser Franz I. an

1668 • Molière: *L'avare* (Der Geizige)

1678 • Hamburg: Gründung des ersten deutschen Opernhauses

1700 • Gottfried Wilhelm Leibniz gründet Preußische Akademie der Wissenschaft

1717 • Friedrich Wilhelm I. führt die Schulpflicht in Preußen ein

1719 • Daniel Defoe, engl. Journalist: *Robinson Crusoe* Georg Friedrich Händel wird Leiter der neuen Londoner Oper

1720 • Georg Philipp Telemann: Kantor der Hamburger Hauptkirchen

1736 • Gottfried Silbermann vollendet die Orgel der Frauenkirche in Dresden

1747 • Schloss Sanssouci (Ohne Sorge) fertiggestellt

1748 • Friedrich Gottlieb Klopstock: *Der Messias*

Johann Sebastian Bach (1685–1750)

Kein anderer Komponist vor oder nach ihm hatte in seinem kompositorischen Schaffen den theologischen Anspruch so konsequent umzusetzen versucht wie er. Im Wesentlichen als Kantor und Organist tätig, nimmt er in seinen Kompositionen die gesamte Stilbreite der europäischen Musik auf und bezieht in sein Schaffen mit Ausnahme der Oper alle wesentlichen Gattungen ein. Das Entscheidende liegt jedoch in seinem extrem ausgeprägten Bemühen, das Kriterium der theologischen Verantwortung strikt einzuhalten. Seine differenzierte Art der musikalischen Ausdeutung von Texten hat es zuvor, aber auch anschließend in der geistlichen Musik nicht wieder gegeben. Dies gilt für die unmittelbar wortgebundene Musik der Motetten, Kantaten, Oratorien und geistlichen Lieder, aber auch für seine umfangreiche Orgelmusik. Aus der außerordentlich großen Fülle seines heute überlieferten Vokalschaffens seien genannt: knapp 200 Kantaten zu den Sonntagen des Kirchenjahres, die *Passionen nach Matthäus und Johannes*, die *h-Moll-Messe*, das *Weihnachtsoratorium*, sechs Motetten.
Zugleich hat er die Orgelmusik – wohl aufgrund seiner eigenen spielerisch-technischen Fähigkeiten – zu einer Blüte geführt, wie sie es zuvor und danach nie wieder gegeben hat. Hierzu gehören die großangelegten Präludien und Fugen, die Fantasien und Toccaten, die Triosonaten sowie die oft in Sammlungen zusammengefassten Choralbearbeitungen. Seine besondere Leistung bestand darin, dass er als wahrscheinlich letzter Komponist seiner Epoche seine Musik ausschließlich funktional betrachtete, also eingebunden in den gottesdienstlich-liturgischen Zusammenhang, und darin zugleich die letzte Sinnhaftigkeit seines Arbeitens erkannte. Sein SDG, das *soli deo gloria* (Gott allein die Ehre), ist geprägt von einem Denken, das die Welt insgesamt, aber auch das Leben und Sterben als große Schöpfung göttlicher Harmonie deutet. Insofern ist er der letzte bedeutende Komponist, der die in der nachfolgenden Epoche sich auflösende Einheit zwischen „geistlicher“ und „weltlicher“ Sphäre zusammendenkt.

1685 in Eisenach geboren, musikalisch unterrichtet von seinem Bruder, einem Organisten
1703 Organist in Arnstadt
1707 Organist im thüringischen Mühlhausen
1708 Hoforganist in Weimar
1717 Hofkapellmeister in Köthen
1723 Thomaskantor in Leipzig, wo er bis zu seinem Tode an der Schule St. Thomae als Lehrer und Musikdirektor der Kirchen tätig war
1750 starb er in Leipzig

Johann Sebastian Bach

✔ Entwickeln Sie eine Karte mit den einzelnen Lebenstationen J. S. Bachs.

✔ Versuchen Sie zu begründen, warum Bach sowohl in der Institution Kirche als auch an verschiedenen Höfen gearbeitet hat.

✔ Stellen Sie anhand des Präludiums Es-Dur, BWV 552 von Bach (I, 6) fest, ob sich die französische Kompositionstradition in der Satzstruktur erkennen lässt. (vgl. auch S. 38)

Die Unterschiede zwischen der evangelischen und der katholischen Kirchenmusik sind in diesem Zeitraum noch augenfälliger als zuvor. Dies hängt nicht zuletzt mit den Religionskriegen zwischen den protestantischen und katholischen Staaten zusammen, welche gerade in ihrer kirchenmusikalischen Praxis ihre jeweils eigene Identität entdecken.
So haben die konfessionellen Unterschiede Kompositionen hervorgebracht, die sich nur in der theologischen Differenz zwischen den beiden großen Kirchen verstehen lassen. Dazu gehört auch die Differenz der Sprachen. Während im katholischen Rahmen im Wesentlichen lateinische Texte verwendet wurden, greifen die protestantischen Komponisten – gemäß der Liturgiereform Luthers – eher auf die eingedeutschten Texte der Bibel, auf Lieder des Gesangbuches und neu gedichtete Andachtstexte zurück.

Trotz der deutlichen Unterschiede zwischen katholischem Süden und protestantischem Norden bestehen in kompositorisch-musikalischer Hinsicht auch enge Verbindungen: Obwohl die Komponisten geistlicher Musik an einer Kirche oder einem konfessionell gebundenen Hof arbeiteten, tauschen sie sich seit der Zeit Heinrich Schütz' immer wieder aus. Allerdings verzichten katholische Komponisten auf Bearbeitung evangelischer Choräle ebenso wie evangelische Kirchenmusiker keine Maria- oder Requiemvertonungen schreiben. Die Musik erhält in der Spanne zwischen 1600 und 1750 für das kirchliche Leben insbesondere der evangelischen Kirche eine Bedeutung, die sie weder zuvor noch danach wieder erlangt hat.

Basso continuo:
kontinuierlicher, ununterbrochener Bass

Figuralsatz:
mehrstimmiger Instrumental- oder Vokalsatz, in dem die Melodie ausgeziert ist

1750 – 1770

Politik

1756 • Friedrich II. beginnt Siebenjährigen Krieg um Schlesien

1759 • Frankreich verliert ganz Nordamerika an England

1760 • Russen besetzen Berlin

1761 • Preußen gewinnen Schlacht bei Langensalza

1763 • Friede zu Hubertusburg zwischen Österreich, Sachsen und Preußen

1764 • in Russland entsteht deutsche Wolgakolonie (bis 1941)

1767 • Ausweisung der Jesuiten aus Paraguay, Spanien und Frankreich

Kultur

1750 • Voltaire kommt an den Hof Friedrichs des Großen

1751 • Dennis Diderot, Voltaire, Jean-Jacques Rousseau: *Encyclopédie*

1757 • † Johann Stamitz, der mit „Mannheimer Schule“ die klassische Symphonik einleitete

1762 • Gotthold Ephraim Lessing: *Minna von Barnhelm*

1765 • Erfindung der Dampfmaschine durch James Watt, Beginn der industriellen Revolution

1766 • Carl von Linné gliedert Mensch (Homo Sapiens) in Gattung der hochentwickelten Säugetiere ein

1767 • Moses Mendelssohn: *Die Unsterblichkeit der Seele*

1769 • Voltaire: *Vernünftige Schrift über Gott und die Menschen*

1770 • James Watt führt „Pferdestärke“ (PS) als Begriff ein

Carl Philipp Emanuel Bach

Carl Philipp Emanuel Bach (1714–1788)

Der Kompositionsstil, den C. P. E. Bach entwickelte, ist als norddeutsche oder Hamburger Schule bekannt geworden. Darin verwendete er eine Satztechnik, die sowohl Ausdruck höchster Expressivität des Sturm und Drang, als auch dem galanten Stil der Vorklassik entsprechend reduziert und rational sein konnte. Zu seiner Zeit war es auch nicht etwa sein Vater, sondern er, der gemeint war, wenn man von ‚dem' Bach sprach. Auch Mozart und Beethoven schätzten Bach sehr. Neben seinen Kompositionen verfasste er eines der bedeutendsten Lehrwerke für die Aufführungspraxis *Versuch über die wahre Art das Clavier zu spielen*.
Das reichhaltige Werk C. P. E. Bachs beinhaltet unter anderem 19 Sinfonien, 50 Klavierkonzerte, 200 Klavierkompositionen, mehrere Quartette und eine Reihe an geistlichen Werken. Besonders hervorzuheben sind seine 30 Motetten, Psalmen, Chöre, Kantaten, ein Magnificat (1749), 22 Passionsmusiken, 2 Oratorien, zahlreiche geistliche und weltliche Oden, Lieder, Gesänge und Arien. Stilistisch gesehen unterscheiden sie sich ganz wesentlich von den Kompositionen seines Vaters, weil sie eher an einer sich wandelnden Theologie im Zeitalter der Aufklärung orientiert sind.

1714 in Weimar als zweiter Sohn J. S. Bachs geboren, Ausbildung beim Vater;
später besuchte er die Lateinschule in Köthen und die Thomasschule in Leipzig
1731 Studium der Rechte an den Universitäten in Leipzig und Frankfurt/Oder
1734 gründete er einen Gesangverein; erwarb sich einen Ruf als Musiklehrer und Dirigent
1738 am Hof des Kronprinzen Friedrich von Preußen; Bekanntschaft mit dem Flötenvirtuosen Joseph Joachim Quantz
1740 wurde er Kammercembalist Friedrichs des Großen in Berlin
1744 *Württembergische Sonaten*
1755 vergebliche Bewerbung um die Nachfolge im Thomaskantorat
1758 in Berlin Veröffentlichung von Gellerts *Geistlichen Oden und Lieder* mit Melodien von C. P. E. Bach
1768 wurde Bach Nachfolger seines Paten Georg Philipp Telemann, der 1767 verstorben war, als Musikdirektor der fünf Hauptkirchen und Kantor am Johanneum in Hamburg
1775 Erstdruck des Oratoriums *Die Israliten in der Wüste* Wq 238
1787 *Die Auferstehung und Himmelfahrt Jesu*, Wq 240, I, 7
1788 starb er in Hamburg

Eine Zusammenfassung der Zeit zwischen dem Tode Bachs und dem Ausbruch des 1. Weltkrieges mag zunächst überraschen, denn dieser Zeitraum vereinigt musikalisch eine Spanne zwischen Carl Philipp Emanuel Bach und Richard Strauss, zwischen Carl Stamitz und Arnold Schönberg. Unter dem Gesichtspunkt der Geschichte der geistlichen Musik allerdings gibt es durchaus einen Sinn: Die kirchliche Bindung in der Bevölkerung nimmt in allen europäischen Ländern langsam ab, die Komponisten beginnen sich von ihren Feudalherren oder kirchlichen Arbeitgebern zu trennen und autonom zu arbeiten. Von daher reduziert sich die Zahl der für kirchliche Anlässe, insbesondere aber für den Gottesdienst geschriebenen Kompositionen ganz wesentlich. Während wir bei Haydn und Mozart noch zahlreiche Messkompositionen finden (die quantitativ aber in keinem Verhältnis zu den Werken der Kammermusik, der Symphonik oder der Oper stehen), fallen sie bei Beethoven, Schubert, Schumann, Wagner, Liszt, Brahms, Bruckner, Mahler, Berlioz, Verdi, Dvořák, Offenbach oder Johann Strauß kaum noch oder gar nicht ins Gewicht.
Die Musikwissenschaftlerin Birgit Lodes beschreibt die theologiegeschichtliche Situation folgendermaßen: *„Seit dem ausgehenden 18. Jahrhundert schwand – parallel zum Verlust der aristokratischen Gesellschaftsordnung – die Betonung von Gottes- und Herrscherlob im Gottesdienst zugunsten des Bestrebens, Andacht und religiöse Empfindung im Einzelnen zu erwecken. Andererseits begann man zur gleichen Zeit, musikalische Kunstwerke – etwa eine Symphonie – nicht nur als ästhetisch autonom, sondern als metaphysisch würdevoll anzusehen, wodurch sie selbst zum Kultus, zur Andacht wurde.“*

✔ Überlegen Sie, warum man in der 2. Hälfte des 18. Jahrhunderts von einem Niedergang der geistlichen Musik sprechen kann.

1770 — 1790

1773 • Jesuitenorden durch Papst Klemens XIV. gegründet

1775–1783 • Nordamerikanischer Unabhängigkeitskrieg gegen England

1776 • Unabhängigkeitserklärung der USA; Erklärung der Menschenrechte

1781 • Reformen Kaiser Josephs II.
Abschaffung von Leibeigenschaft und Folter, Religionsfreiheit, Aufhebung der Klöster, Einwanderungserlaubnis auch für Nichtkatholiken nach Österreich

1786 • Verbot von Hexenprozessen durch Kaiser Joseph II

1788 • Verfassung der USA tritt in Kraft

1789 • Französische Revolution, Verkündigung der Menschenrechte

1772 • Johann Wolfgang von Goethe: *Leiden des jungen Werther*

1778 • † Rousseau (französischer kulturkritischer Philosoph)

1781 • † Gotthold Ephraim Lessing (*Nathan der Weise*, 1779)

1782 • Friedrich Schiller: *Die Räuber*, Höhepunkt des „Sturm und Drang"

1784 • Caron de Beaumarchais: *Figaros Hochzeit*; Friedrich Schiller: *Kabale und Liebe*; Immanuel Kant: *Was ist Aufklärung*

1788 • Adolf Freiherr von Knigge: *Über den Umgang mit Menschen*

Joseph Haydn (1732–1809)

Joseph Haydns kirchenmusikalische Bedeutung ist nicht zu unterschätzen, da er neben den zahlreichen Messen besonders mit den beiden großen Oratorien *Die Schöpfung* I, 8 und *Die Jahreszeiten* einerseits an die Tradition der Händelschen Oratorien, andererseits aber auch an einen Musikstil anknüpft, der sich formal und harmonisch in der Klassik herausbildet und die Polyphonie der Barockzeit neu definiert. Dieser Stil wird besonders in den Messen und den Oratorien gepflegt und übt auch auf den Kompositionsstil Mozarts in dessen geistlichen Kompositionen einen prägenden Einfluss aus.
Haydns kompositorisches Schaffen umfasst unter anderem 104 Sinfonien, 83 Streichquartette, etwa 50 Klavierwerke und 24 Opern.

1732 in Rohrau/Österreich geboren
1740–1749 Sängerknabe an St. Stephan in Wien, erste Kompositionsversuche, nach einsetzendem Stimmbruch wird er entlassen, arbeitet in dieser Zeit als Gelegenheitsmusiker
1752–1756 verschiedene Kirchenkompositionen, u. a. eine Messe und ein *Salve regina*, Stücke für Klavier und Kammermusikwerke
1753–1757 Schüler von Nicola Porpora in Wien, er lernt insbesondere den polyphonen Stil in einer aufgelockerteren Weise kennen, als in Deutschland üblich
1755 erste Streichquartette
1759–1789 schreibt er 94 Symphonien (u. a. *Abschiedssinfonie* Nr. 45, *Pariser Sinfonien* Nr. 82–87)
1761 als Vizekapellmeister im Dienst des Fürsten Esterházy in Eisenstadt, wenig später 1. Kapellmeister auf Schloss Esterházy, Entstehung vieler Kompositionen
1781 Beginn der Freundschaft mit Mozart
1785 besucht er Mozart in Wien
1790 Auflösung des Orchesters nach dem Tode des Fürsten Esterházy, Haydn geht nach Wien, bleibt fürstlicher Kapellmeister
1790–1792 erste Englandreise
1792 Rückkehr nach Wien, Schüler Haydns u. a. Ludwig van Beethoven
1794–1796 zweite Reise nach England, inspiriert von Werken G. F. Händels komponiert er *Die Schöpfung* und *Die Jahreszeiten*
1796 Haydn beginnt mit der Komposition *Die Schöpfung*, Uraufführung 1798
1801 Uraufführung des Oratoriums *Die Jahreszeiten*
1809 starb Haydn in Wien

Joseph Haydn

Inwieweit die negativen kirchenmusikalischen Veränderungen geradezu nach einer Erneuerung rufen, lässt sich aus der Bestandsaufnahme des Musikwissenschaftlers Friedrich Blume entnehmen:
„Natürliche Verfallserscheinungen im Gefolge allseitig nachlassenden Interesses für die Kirche und systematische Entfremdung der Kirchenmusik vom Wesen der Kunst und vom Wesen der Kirche aufgrund bestimmter Vorstellungen von Erbaulichkeit hatten unfreiwillig mitgewirkt, um im frühen 19. Jahrhundert ein alles in allem trauriges Ergebnis herbeizuführen: einen mühsam sich dahinschleppenden Gemeindegesang, eine dürftige Liturgie in musikalisch fragwürdigem Gewande, ein galant klaviermäßiges oder würdevoll steifes Orgelspiel, eine meist nicht sehr gehaltvolle Kantatenmusik und einen sentimentalen oder bombastischen Chorgesang."

Unter dem Gesichtspunkt der kirchlich-gottesdienstlichen Funktion sind die zahlreichen lateinischen Messen Haydns und Mozarts zu nennen, die im Regelfall mit Soli, Chor und Orchester besetzt sind. Sie sind – mit wenigen Ausnahmen – nicht für einen bestimmten Festtag komponiert und damit vielfältig einsetzbar, weil pro Woche mindestens einmal die Messe gefeiert wird. Während die Liturgie noch in lateinischer Sprache gesungen wird, singt die Gemeinde im letzten Viertel des 18. Jahrhunderts bereits in der Landessprache. Überhaupt führten die katholischen Reformbewegungen dieser Zeit dazu, dass die gottesdienstliche Teilhabe der gesamten Gemeinde in den Mittelpunkt gestellt wurde. Die Kirchenmusik wurde zunehmend zum Mittel der Erweckung andächtiger Gefühle, sie sollte „erbaulich" sein. Ein Beispiel dafür ist das Oratorium *Der Tod Jesu* von Carl Heinrich Graun.

1790 — 1810

Politik

1791 • Frankreich wird konstitutionelle Monarchie

1792 • Nationalkonvent erklärt Frankreich zur Republik

1800 • Errichtung des „Vereinigten Königreichs Großbritannien und Irland"

1803 • Seekriege zwischen Großbritannien und Frankreich

1804 • Bonaparte wird als Napoleon I. französischer Kaiser; Freiherr vom Stein in der preußischen Regierung erwirkt Verwaltungsreform

1805 • Bündnis England, Russland, Österreich gegen Napoleon I.; Schlacht bei Austerlitz

1806 • Napoleon I. gegen Russland und Preußen siegreich; Blockade gegen Großbritannien: „Kontinentalsperre"; Ende des „Heiligen Römischen Reiches Deutscher Nation"

1808 • Britischer General Arthur Wellington siegt in Spanien über Napoleon

Kultur

1792 • Offizier der französischen Armee Rouget de Lisle: *Marseillaise*

1800 • Friedrich Schiller: *Das Lied von der Glocke, Maria Stuart, Wallenstein*

1801 • † Novalis (Friedrich Freiherr von Hardenberg)

1803 • † Johann Gottfried Herder, Dichter, Prediger und Philosoph

1806 • Achim von Arnim und Clemens Brentano: Volksliedsammlung *Des Knaben Wunderhorn*; Heinrich Kleist: *Der zerbrochene Krug*

1809 • † Joseph Haydn

1810 • Gründung der Berliner Universität auf Veranlassung Humboldts

Wolfgang Amadeus Mozart

Ludwig van Beethoven

Wolfgang Amadeus Mozart (1756–1791)

Mozarts kirchenmusikalisches Wirken scheint eher im Hintergrund seines Gesamtwerkes zu stehen, weil zunächst sein Opernschaffen sowie seine Symphonien und die Kammermusik ins Auge fallen. Insofern unterscheidet er sich ganz wesentlich von den Komponisten des 16. bis frühen 18. Jahrhunderts. Bei näherem Hinsehen jedoch entdeckt man zahlreiche Messen sowie andere kirchenmusikalische Gattungen, insgesamt zählt man fast 60 Kompositionen geistlichen Inhalts. Im wesentlichen sind seine Kompositionen an der lateinischen Messe orientiert. I, 10

1756 geboren in Salzburg
1763 mehrjährige Konzertreise durch Europa mit Vater Leopold
1769–1773 folgten weitere Reisen durch Italien
1773 Kontakt mit Haydn in Wien
1769–1777 Konzertmeister in Salzburg
1779–1781 ist er Hoforganist in Salzburg
1782 *Messe c-Moll*
1785 Eintritt in die Freimaurerloge
1791 *Die Zauberflöte, Requiem d-Moll* KV 621, *Ave verum*, gestorben in Wien

Ludwig van Beethoven (1770–1827)

Wie Mozart so ist auch Beethoven als freier Komponist tätig, d. h. er verfügt über keine feste Anstellung an einem Fürstenhof oder einer Kirche. Seine Kompositionen orientieren sich darum wesentlich stärker an neuen musikalischen Gattungen, an der Sinfonie, an der Sonate, am Streichquartett. Sein Kompositionsstil gilt zu seiner Zeit als ausgesprochen revolutionär, indem Konventionen gebrochen und neu definiert werden. Auch seine beiden Messen, besonders aber die *Missa solemnis,* lassen die überlieferte Gattung in einem neuen Licht erscheinen. I, 9

1770 geboren in Bonn
1783 Mitglied der kurfürstlichen Kapelle in Bonn
1792 Unterricht bei Haydn
1800 zunehmende Gehörschwäche
1803 *Sinfonie Nr. 3 Es-Dur (Eroica)*
1803 *Christus am Ölberge* op. 85
1804/5 *Fidelio*
1807 *Messe C-Dur* op. 86
1819 völlige Taubheit
1819–23 *Missa solemnis* op. 123
1827 gestorben in Wien

Die Messen Ludwig van Beethovens, besonders aber die *Missa solemnis,* weisen über die noch bei Haydn und Mozart vorhandene gottesdienstliche Zuordnung hinaus auf die Aufführung im Konzertsaal – und dies allein schon wegen der großen symphonischen Besetzung.
Gerade im Zuge der Aufklärung entstehen jedoch auch musikalische Kirchenwerke, die an ältere Traditionen anknüpfen. So wurden in Salzburg zur Zeit Mozarts viele kunstvolle Werke zum Proprium komponiert wie Offertorien, Gradualien oder Motetten (z. B. von Michael Haydn).
Eine andere Entwicklung im Zusammenhang mit der Aufklärung sind die zahlreichen Kompositionen in deutscher Sprache, deren wohl bekannteste die *Deutsche Messe* von Franz Schubert ist.

Das Dilemma der Kirchenmusik im 19. Jahrhundert besteht in einer brüchig werdenden Kirchlichkeit, welche nicht mehr Grundlage des gesellschaftlichen Lebens ist, und dem Versuch der Wiederherstellung einer „wahren Kirchenmusik", was noch gegen Ende des Jahrhunderts in Titeln wie *„Die Wiederbelebung protestantischer Kirchenmusik auf geschichtlicher Grundlage"* (Philipp Spitta, 1882) zum Ausdruck kommt.
Musikalisch führt dieses Problem einerseits zu Werken, die Ausdruck einer individuellen Haltung sind, wie etwa Brahms' *Deutsches Requiem,* oder die zu bestimmten Anlässen komponiert wurden wie z. B. Liszts *Ungarische Krönungsmesse.* Andererseits wurde versucht, die liturgisch gebundene Musik – die Kirchenmusik im engeren Sinn – zu reformieren.

1810 — 1830

1812 • Russland-Feldzug Napoleons I.

1813 • Deutscher Befreiungskrieg gegen Napoleon, Völkerschlacht bei Leipzig

1814 • Napoleon wird nach Elba verbannt, im Jahr darauf nach Helena; Wiener Kongress der Verbündeten zur politischen Neuordnung Europas unter Führung von Fürst Metternich

1819 • „Karlsbader Beschlüsse" gegen politische und geistige Freiheit in Deutschland

1815 • † Matthias Claudius (*Der Mond ist aufgegangen*, 1778)

1816 • Wilhelm und Jacob Grimm: *Deutsche Sagen*

1817 • E.T.A Hoffmann: *Nachtstücke*

1822 • Carl Maria von Weber: *Der Freischütz*

1826 • Joseph Freiherr von Eichendorff: *Aus dem Leben eines Taugenichts*

1827 • Johann Heinrich Pestalozzi, Schweizer Pädagoge, Begründer der modernen Erziehung

1828 • † Franz Schubert (*Schöne Müllerin, Winterreise*)

Felix Mendelssohn Bartholdy (1809–1847)

Seine Bedeutung für die evangelische Kirchenmusik des 19. Jahrhunderts ist kaum zu überschätzen. Einerseits orientiert er sich an der Musik seiner Zeitgenossen, besonders an Beethoven und Schumann, andererseits aber auch an der Tradition. Durch seinen Lehrer Carl Friedrich Zelter (1758–1832) lernt er insbesondere das Werk Johann Sebastian Bachs kennen, dessen *Matthäus-Passion* er nach 100 Jahren in einer eigenen Instrumentation mit der Berliner Singakademie wiederaufführt. Mit dieser spektakulären Aufführung beginnt die Bach-Renaissance des 19. Jahrhunderts. Mendelssohns große Oratorien *Paulus* und *Elias* orientieren sich an den beiden Bach-Passionen, ohne jedoch den Stil zu kopieren. Zusätzlich komponiert er zahlreiche Motetten und Kantaten sowie Orgelwerke, die formal Anleihen an Bach suchen, aber weniger für den Gottesdienst als für das Konzert gedacht sind. ◉ I, 11

1809 in Hamburg geboren, erhielt Klavierunterricht von seiner Mutter, später unter anderem von Ludwig Berger und Ignaz Moscheles
1818 tritt er zum ersten Mal gemeinsam mit seiner Schwester öffentlich auf
1817 Zelter wird sein Lehrer, in der 1820er-Jahren reist er durch Frankreich, Italien, England und Schottland und gibt zahlreiche Konzerte
1820 ab diesem Zeitpunkt komponiert er regelmäßig, diese frühen Kompositionen wurden jedoch nicht veröffentlicht
1826 Ouvertüre *Ein Sommernachtstraum*, op. 21
1829 Wiederaufführung der *Matthäus-Passion* von J. S. Bach mit der Berliner Singakademie
1830 Italienreise; *5. Sinfonie D-Dur*, op. 107 (Reformationssinfonie) anlässlich der 300-Jahr-Feier der Augsburgischen Konfession mit dem Choral *Ein feste Burg ist unser Gott*
1833 *4. Sinfonie A-Dur (Die Italienische)*, op. 90; Mendelssohn wird Musikdirektor in Düsseldorf
1835 Leiter der Gewandhauskonzerte in Leipzig; Komposition des *Paulus*, op. 36
1843 Gründung des Leipziger Konservatoriums
1844 *Violinkonzert e-Moll*, op. 64
1845/46 *Der Elias*, op. 70
1847 starb er in Leipzig

Felix Mendelsohn Bartholdy

✔ Warum nimmt Mendelssohn Bartholdy gerade für die evangelische Kirchenmusik eine so herausragende Rolle ein?

✔ Charakterisieren Sie mit eigenen Worten die Besonderheiten der Kirchenmusik Beethovens, Mendelssohn Bartholdys und Brahms'.

Die kirchenmusikalischen Reformbestrebungen im protestantischen wie im katholischen Raum während des ganzen 19. Jahrhunderts orientieren sich an der sogenannten altklassischen Polyphonie, wie sie besonders von Palestrina vertreten wird.
Für die evangelische Kirche ist entscheidend, dass der preußische König Friedrich Wilhelm III. als höchster kirchlicher Landesherr selbst eine neue Agende (*Agende für die evangelische Kirche in den Königlich Preußischen Landen*, 1829) entwickelt, die sich an der altlutherischen Gottesdiensttradition orientiert, ohne allerdings deren musikalischen Elemente zu übernehmen.

Zusammen mit der Liturgiereform beginnt 1817 die des Gesangbuches, die allerdings erst 1950 abgeschlossen ist. Ihr Ziel ist es, die Lieder aus der Zeit zwischen 1520 und 1750 zum Zentrum des evangelischen Kirchenliedes zu machen.
Um diesen für die Entwicklung der geistlichen Musik im 19. Jahrhundert wichtigen Impuls in Preußen weitertragen zu können, sollen jetzt die Volksschüler unter der Leitung ihrer Lehrer Chöre für den Liturgie- und Choralgesang bilden.
Zur gleichen Zeit bilden sich aus den kirchenmusikalischen Notwendigkeiten heraus bedeutende Chöre wie der Berliner Domchor (1843), der Schlosschor zu Schwerin (1857), der Schlosskirchenchor zu Hannover (1857); ihre Sänger werden besoldet. Doch etwa ab 1870 entstehen, nicht zuletzt aus finanziellen Erwägungen heraus, im Rahmen der musikalischen Laienbewegung Kirchengesangvereine, aus denen sich im 20. Jahrhundert das Kantoreiwesen entwickelt.

1830 — 1850

Politik

1833 • Abschaffung der Sklaverei im britischen Weltreich

1834 • Abschaffung der Zollschranken innerhalb Deutschlands

1834 • „Bund der Geächteten" in Paris gegründet

1836 • Kommununistischer „Bund der Gerechten" gegründet

1839 • Kinderarbeit bis zum 9. Lebensjahr in Preußen verboten

1844 • Weberaufstand in Schlesien

1848 • Februarrevolution in Paris; Märzrevolution in Deutschland und Österreich

1848 • Deutsche Nationalversammlung in der Paulskirche (Frankfurt/Main); sozialistischer Juniaufstand in Paris

1849 • Demokratischer Mai-Aufstand in Dresden

Kultur

1831 • Johann Wolfgang Goethe: *Faust*

1835 • Verbot liberaler Bücher aus den Kreisen des „Jungen Deutschland"; Georg Büchner Flucht in die Schweiz, *Dantons Tod* entsteht, später *Woyzeck*

1837 • Charles Dickens: *Oliver Twist*; Carl Spitzweg: *Der arme Poet*

1840 • † Caspar David Friedrich (*Mönch am Meer*)

1841 • † Karl Friedrich Schinkel (preußischer Baumeister und Maler); Ludwig Feuerbach: *Das Wesen des Christentums*

1843 • Richard Wagner: *Der fliegende Holländer*

1844 • Heinrich Heine (seit 1831 im Exil): *Deutschland, ein Wintermärchen*

1844 • Alexandre Dumas: *Der Graf von Monte Christo*

1847 • Karl Marx und Friedrich Engels: *Kommunistisches Manifest*

Johannes Brahms

Johannes Brahms (1833–1897)

Der Sohn eines in ärmlichen Verhältnissen lebenden Hornisten und Kontrabassisten war einer der erfolgreichsten und bedeutendsten Komponisten der Spätromantik. Schon in jungen Jahren galt er als pianistisches Wunderkind. Er erregte die Aufmerksamkeit des Geigers Joseph Joachim sowie Robert Schumanns, der sich in seiner Musikzeitschrift für ihn einsetzte. Seit 1862 lebte Brahms in Wien, dann abwechselnd in Hamburg, der Schweiz und Baden-Baden, wobei er neben seiner Kompositionstätigkeit als Pianist öffentlich auftrat.

Brahms verbindet in seinen instrumentalen und vokalen Kompositionen klassische Formenstrenge und romantische Empfindung. Er orientierte sich zwar an den alten Meistern, an Mozart, Haydn, Beethoven, Händel und Vivaldi, schuf aber dennoch durch die konstruktive Dichte seiner Kompositionen eine neue Musik, die sowohl das Schaffen Wagners als auch Schönbergs beeinflusste. Auch die geistlichen Kompositionen, die Motetten und das Oratorium *Ein Deutsches Requiem* für Soli, Chor und Orchester (CD) I, 12 verstehen sich als Brücke zwischen der Tradition des 17. und 18. Jahrhunderts auf der einen und der romantischen Tonsprache auf der anderen Seite. Der von Brahms selbst gewählte Text ist der Bibel entnommen. Im Mai 1896 schrieb Brahms *Vier ernste Gesänge:* dem Alten Testament entnommene Gedanken über den Tod. Von seinen 200 Liedern ist eins der bekanntesten *Guten Abend, gute Nacht.*

1833 in Hamburg geboren, erster Musikunterricht bei seinem Vater, dann Unterricht in Klavier, Komposition und Theorie
1843 erstes Auftreten als Pianist, wird als „Wunderkind" gefeiert und zu einer Amerika-Tour aufgefordert, sein Lehrer verhindert diese Reise
1853 Bekanntschaft mit Joseph Joachim, Beginn der Freundschaft mit dem Ehepaar Schumann
1857–1859 Chordirigent und Hofpianist in Detmold
1862 zog Brahms nach Wien
1863–1864 Leitung der Wiener Singakademie
1868 *Ein deutsches Requiem* op. 45
1872–1875 Direktor der Gesellschaft der Musikfreunde in Wien, Mitglied der Akademie der Künste zu Berlin, Präsident des Wiener Tonkünstlervereins und Ehrenbürger der Stadt Hamburg
1879 Brahms erhält die Ehrendoktorwürde der Universität Breslau
1882 *Gesang der Parzen* op. 89
1896 *Vier ernste Gesänge* op. 121
1897 gestorben in Wien

Caecilianismus
katholische kirchenmusikalische Reformbewegung des 19. Jahrhunderts, die an einem idealen a-cappella-Stil nach Palestrina orientierte Reaktion auf die von Sinfonik und Oper beeinflusste Kirchenmusik seit der Wiener Klassik

Die kirchenmusikalischen Möglichkeiten, die sich aus dieser bürgerlich geprägten Chorbewegung ergeben, sind nicht zu unterschätzen; besonders die protestantischen Komponisten – Felix Mendelssohn Bartholdy (*Elias, Paulus*) später aber auch Robert Schumann (*Requiem*) und Johannes Brahms (*Ein deutsches Requiem*) konnten so ihre großen oratorischen Werke zur Aufführung bringen. Doch gilt dies in ähnlicher Weise für die Motetten-Kompositionen von Mendelssohn und Brahms, die sich in historistischem Sinne sehr darum bemühen, unmittelbar an die Zeit des Barock, und hier herausragend an Schütz und Bach, anzuknüpfen.

Carl von Winterfeld ist auf protestantischer Seite derjenige, der sich am deutlichsten für eine restaurative Kirchenmusik ausspricht und selbst der Polyphonie des 16. Jahrhunderts kritisch gegenübersteht. Für ihn erfüllt sich das Ideal in den Liedvertonungen des Johann Eccard, die im Wesentlichen homophon (Kantionalsatz) gehalten wurden.

Zugleich bilden sich als Zentren der Erneuerungsbewegung der katholischen Kirchenmusik zu Beginn des 19. Jahrhunderts München und Regensburg heraus. Trotz zahlreicher Widerstände greift diese Neuorientierung weiter um sich, so dass Franz Xaver Witt im Jahre 1868 den *Allgemeinen Caecilienverein für die Länder deutscher Zunge* gründen konnte. Dieser Verein setzte sich nicht nur für die Aufführung der sog. Alten Meister ein, sondern sorgte auch dafür, dass Werke im alten Stil komponiert wurden. Witt beispielsweise konnte dabei sehr selbstbewusst formulieren: *„Wir können den liturgischen Text vielfach schöner und besser darstellen lernen, als Palestrina."*

1850 — 1870

1850 • Preußen erhält Verfassung

1858 • Abschaffung der Sklaverei in Portugal

1859 • Aufhebung der Inquisition durch Papst Pius IX

1862 • Otto von Bismarck wird preußischer Ministerpräsident

1865 • Abschaffung der Sklaverei in den USA; Mord an Präsident Lincoln; Bildung des Ku-Klux-Klan

1866 • Deutscher Krieg (Österreich unterliegt Preußen, besiegt aber Italien)

1869 • SPD gegründet

1851 • Erste Weltausstellung in London

1852 • Gebrüder Grimm: Beginn der Arbeit am *Deutschen Wörterbuch*

1856 • Gottfried Keller: *Die Leute von Seldwyla*

1858 • Wilhelm Busch: *Max und Moritz*

1859 • Charles Darwins Lehre von der Entstehung der Arten

1861 • Philipp Reis: Erfindung des Telefons

1862 • Victor Hugo: *Die Elenden*

1864 • Jules Verne: *Reise zum Mittelpunkt der Erde*

1867 • Wagner: *Die Meistersinger von Nürnberg*

1869 • Leo Tolstoi: *Krieg und Frieden*

Franz Liszt (1811–1886)

Die geistliche Musik Liszts kann für die kompositorische Situation im 19. Jahrhundert als besonders typisch angesehen werden. Seine geistliche Musik für Chor wie für die Orgel schwankt zwischen Kirchen- und Konzertraum.

Die *Missa choralis* für gemischten Chor und Orgel I, 13 aus dem Jahre 1865 orientiert sich sehr stark am strengen Caecilianismus, desgleichen alle späten Orgelstücke. Sein dreiteiliges, in Rom komponiertes Oratorium *Christus* (1862–1867) bezieht sich auf Texte des Alten und des Neuen Testaments, der Liturgie und mittelalterlicher Hymnen. Stilistisch umfasst diese Komposition alle denkbaren Richtungen vom einstimmigen Gesang bis zu großer Orchesterbesetzung, sie zitiert volkstümliche Pastoralweisen mit Dudelsackanklängen genauso wie sinfonische Elemente. Insofern kann diese Komposition weder als typische Kirchen- noch als Konzertmusik verstanden werden; auch der Begriff des sinfonischen Oratoriums wird dem Werk nur bedingt gerecht. Es handelt sich hier um eine für die romantische Musik typische Grenzüberschreitung, indem an sich heterogene Elemente zusammengefügt werden – auch wenn *Christus* am 28. Mai 1873 unter der Leitung von Liszt in einer Kirche, der Herderkirche in Weimar, uraufgeführt wurde.

1811 in Raiding/Umgarn geboren, Klavierausbildung beim Vater, dann Unterricht bei Czerny und Salieri
1820 erstes öffentliches Auftreten als Pianist, verstärkende Konzerttätigkeit
1823 Klavierlehrer in Paris, Bekanntschaft mit Frédéric Chopin, Victor Hugo und Heinrich Heine
1830 Begegnung mit der sozial-religiösen Lehre Saint-Simons
1839 *Dante-Sonate*
1842–1859 Hofkapellmeister in Weimar
1855 Komposition der *Missa solemnis*, *Praeludium und Fuge über B-A-C-H*
1857 Beginn der Komposition der *Legende der heiligen Elisabeth*
1861 zieht er nach Rom
1863 *Variationen über den Basso continuo des ersten Satzes der Cantate „Weinen, Klagen, Angst und Noth sind des Christen Thränenbrod"* von J. S. Bach
1865 Empfang der niederen Weihen (Kleriker), *Missa choralis*
1869–1885 ausgedehnte Reisen u. a. nach Rom, Weimar, Budapest
1878 *Via crucis*
1879 *Missa pro Organo*
1886 in Bayreuth gestorben

Franz Liszt

Gerade in herausragenden katholischen Kompositionen wie denen von Franz Liszt – und bei ihm nicht nur in seinem extrem dimensionierten Oratorium *Christus* – kann man den Geist des Cäcilianismus verspüren. Neben sinfonischen Teilen bezieht er sich immer wieder auf die Tradition der Gregorianik des Mittelalters und des strengen Satzes, wie er besonders von Palestrina entwickelt wurde.

Ähnlich rückwärtsgewandt komponierte er auch seinen Kreuzweg (*Via crucis*). Zu der Kreuzweg-Komposition ist Liszt in Rom durch das Beten des Kreuzweges im Collosseum angeregt worden. Er hat sogar überlegt, ob man für eine angemessene Musik ein riesiges Harmonium bauen könnte. Die Komposition wurde aber dann doch für normale Gegebenheiten ausgearbeitet. Erstaunlicherweise hat sie aber fast hundert Jahre gebraucht, bis sie in der kirchenmusikalischen Praxis ihren Platz gefunden hat.

Zu Liszts Lebzeiten war sein Oratorium über *Die Legende von der heiligen Elisabeth* sehr erfolgreich. Für die Komposition nutzte Liszt zwar originale Kirchenhymnen aus Ungarn, der Heimat der heiligen Elisabeth, dennoch gehört das Werk eher zu den mittelalterlich-mirakulösen Geschichten wie sie auch von Richard Wagner verarbeitet wurden, zumal Liszt von den Gemälden Moritz von Schwinds auf der Wartburg zu der Komposition angeregt worden ist.

1870 — 1890

Politik

1870–1871 • Deutsch-französischer Krieg; Deutscher Reichstag nimmt Verfassung an; Bismarck erster Reichskanzler

1871 • Kaiserkrönung Kaisers Wilhelm I. in Versailles

1873 • Erste Weltwirtschaftskrise

1882 • Dreibund (Österreich, Deutschland, Italien)

1884 • Beginn der deutschen Kolonialpolitik: Deutsch-Ostafrika

1887 • Commonwealth entsteht

1889 • Zweite Internationale

Kultur

1870 • Unfehlbarkeit des Papstes verkündet

1872 • Verbot des Jesuitenordens durch Bismarck

1873 • Preußische „Maigesetze“ unterwerfen die katholischen Kirche der staatlichen Ordnung

1874 • Preußen: Einführung der staatlichen Eheschließung gegen den Widerstand der katholischen Kirche; französische „Impressionisten“ stellen erstmalig gemeinsam aus

1877 • Wagner: *Parsifal*

1878 • Gründung der christlich-sozialen Arbeiterpartei

1880 • Kölner Dom vollendet; Konrad Duden: erstes *Orthografisches Wörterbuch*

1883 • † Karl Marx: (*Das Kapital*)

1888 • † Theodor Storm (*Der Schimmelreiter*); Vincent van Gogh: *Sonnenblumen*

Max Reger

Max Reger (1873–1916)

Er war von Haus aus Katholik, hat jedoch besonders der evangelischen Kirchenmusik durch seine große Bachnähe die entscheidenden Impulse gegeben. Formal an Brahms, harmonisch sehr stark an Wagner sich orientierend, sind seine zahlreichen Motetten, sein Oratorium *Der 100. Psalm*, besonders aber seine Orgelwerke von prägender Bedeutung für die geistliche Musik Ende des 19. und Anfang des 20. Jahrhunderts. Doch so sehr sich seine Motetten in einen gottesdienstlichen Zusammenhang einordnen, so sehr gehen gerade die Orgelwerke – und hier besonders auch seine sieben großen Choralphantasien nach evangelischen Chorälen (● I, 14) – über diesen Rahmen hinaus und verstehen den Kirchenraum als Konzertraum. Insgesamt schrieb er über 200 Lieder. Diese Grenzüberschreitungen finden sich bei zahlreichen Werken von Komponisten des 19. Jahrhunderts: Beethovens *Missa solemnis*, Berlioz' *Requiem*, Verdis *Messa da Requiem*, Schumanns *Requiem*, Puccinis *Messa di Gloria*, Mahlers *Symphonie Nr. 8.*

1873 in Brand/Oberpfalz geboren
1884 erster Musikunterricht bei dem Volksschullehrer und Organisten Adalbert Lindner
1886 im Alter von 13 Jahren vertrat er seinen Lehrer beim sonntäglichen Gottesdienst an der Orgel
1890 führt Studium bei Hugo Riemann fort, später unterrichtet er selbst an verschiedenen Einrichtungen
1894–95 *1. Suite für Orgel e-Moll* op. 16
1898 widmet er sich verstärkt seinem eigenen kompositorischen Schaffen: Orgelwerk *Ein' feste Burg ist unser Gott* op. 27
1900 *Fantasie und Fuge über B-A-C-H* op. 46
1905 Lehrer für Komposition und Orgel an der Akademie der Tonkunst in München
1909 *100. Psalm* op. 106
1910 *Konzert für Klavier und Orchester f-Moll* op. 114
1910 fand das erste Max-Reger-Fest in Dortmund statt
1911 Hofkapellmeister in Meiningen
1914 erkrankt Reger an einer Nervenlähmung, starke Einschränkung seiner Tätigkeiten; *Acht geistliche Gesänge* op. 138
1915 *Requiem* op. 144
1916 starb er in Leipzig

Die geistliche und die weltliche Musik überwinden ihre traditionellen Schranken, was umgekehrt dazu führen kann, dass das sog. *Dresdner Amen* in den *Parsifal* von Richard Wagner Eingang findet. Wagner geht es hier weniger um das bloße Zitat; vielmehr deutet er damit an, dass auch die Oper zum Ort einer allerdings sich ganz neu verstehenden geistlichen Sphäre werden kann.

Damit aber zeichnet sich in der Musik der Prozess der Säkularisierung ab, der gesellschaftlich spätestens mit der Französischen Revolution begonnen hat. Dieser aus der Aufklärung stammende Prozess sieht den autonomen Menschen im Zentrum des Denkens und Handelns. Zugleich aber, und dies ist ein Ergebnis der europäischen Geistesgeschichte des frühen 19. Jahrhunderts, bleibt ein Teil des Menschen dem rationalistischen Zugriff nicht verfügbar. Es bleibt der Rest einer Sehnsucht nach dem Unbedingten. Da die durch die Kirche vermittelte Religion aufgrund ihrer dogmatisch oft festgefahrenen Position es immer weniger vermochte, *„das Gefühl schlechthinniger Abhängigkeit“* (Schleiermacher) zu befriedigen, wendet man sich der Musik zu, in der man die „Abgründe“ des Seins zu entdecken glaubt. Dass man dadurch zugleich die Spezifika des christlichen Glaubens aufgibt, scheint zunächst kaum bewusst zu sein. Erst durch den Schock des Ersten Weltkrieges entwickeln sich – unterstützt z. B. durch den damals vielgelesenen Römerbriefkommentar des Theologen Karl Barth – die Fragestellungen *„nach dem Eigentlichen“*.

1890 — 1914

1891 • „Alldeutscher Verband" (Vorkämpfer für eine imperialistische Politik); größte Kolonialmächte: Großbritannien, Frankreich, Deutschland

1896 • Bürgerliches Gesetzbuch in Deutschland eingeführt

1905 • Russland-Revolution; Zar erlässt „Manifest über die Freiheiten" und gibt konstitutionelle Verfassung; Gründung des „Deutschen Städtetages"

1910 • Abkommen zwischen Deutschland und Russland; beide Mächte wollen sich feindlicher Bündnispolitik enthalten

1912 • 1. engerer Kontakt Lenins mit Stalin

1914 • Ausbruch des 1. Weltkriegs

1895 • Theodor Fontane: *Effi Briest*; erste öffentliche Filmvorführung in Berlin; Edvard Munch: *Der Schrei*

1897 • Gründung der „Caritas"

1901 • † Giuseppe Verdi (*Aida*); Thomas Mann: *Die Buddenbrooks*

1902 • Eröffnung der Hochschulen für Bildende Kunst und für Musik in Berlin

1903 • Aufkommen des Jazz (New Orleans)

1905 • Künstlervereinigungen „Die Brücke"; „Fauvisten" (Henri Matisse)

1908 • Hugo Riemann: *Grundriss der Musikwissenschaft*; Frauen dürfen sich an dt. Landesuniversitäten immatrikulieren

1910 • Siegmund Freud: *Über Psychoanalyse*; Papst Pius X. verurteilt in Enzyklika *Editae saepe* die Reformationsbewegung

1913 • Charlie Chaplin: *Making a Living*

César Franck und Charles-Marie Widor

Franck und Widor sind die herausragenden Vertreter der französischen Orgelmusik des späten 19. Jahrhunderts, die das symphonische Denken auf die Orgel übertragen. Eine direkte liturgische Einbindung in den Gottesdienst liegt ihnen, sieht man von kleineren Kompositionen einmal ab, fern. Dort pflegt man auf sehr hohem Niveau zu improvisieren.

César Franck (1822–1890) I, 15

1822 in Liège geboren
1846 Oratorium *Ruth*; als Organist an verschiedenen Kirchen in Paris tätig
1858 *Messe solennelle*; für Solo-Bass und Orgel
1859 Kapellmeister und Organist in Sainte-Clotilde (Paris)
1860–1862 *Grande pièce symphonique*
1872 Professor für Orgel am Conservatoire de Paris
1871/4 Oratorium *Rédemption*
1881 Biblische Szene *Rébecca*
1890 *Trois chorals* für Orgel
1890 in Paris gestorben

Charles-Marie Widor (1844–1937) I, 16

1844 in Lyon geboren, Studium bei Fétis und Lemmens in Brüssel
1860 Organist in an St. François Lyon
1870-1934 Titularorganist an St. Sulpice in Paris, betätigt sich auch als Musikkritiker, als Dirigent des Concordia Oratorien-Chors und -Orchesters, führt als erster die großen Chorwerke Händels und Bachs in Paris auf
1891 Professor für Orgel am Conservatoire in Paris (Nachfolge von C. Franck), Schüler u. a.: L. Vierne, A. Schweitzer, M. Dupré, A. Honegger, D. Milhaud (Komposition)
1895 *Symphonie gotique* op. 70 für Orgel
1896 Professor für Komposition
1900 *Symphonie romane* op. 73 für Orgel
1937 in Paris gestorben

César Franck

Charles-Marie Widor

Anders verhält es sich im katholischen Frankreich, dessen kirchenmusikalische Ungebrochenheit seit dem Beginn des 19. Jahrhunderts unverkennbar ist. Es gibt eine Tradition der geistlichen Musik, die sich auch formal auf den gottesdienstlich-liturgischen Rahmen bezieht, zugleich aber die Funktion der Repräsentation einnimmt.
Luigi Cherubinis *Requiem c-Moll* aus den Jahren 1816/17 (komponiert zum Gedächtnis der Trauerfeier König Ludwig XVI.) versucht, die musikalische Pracht mit der liturgischen Tauglichkeit in Einklang zu bringen. Opernhaftes, Dramatisches, Leidenschaftliches steht in einem unmittelbaren Kontrast zu einfachsten musikalischen Linien, seien sie nun eher an die Gregorianik oder an das Volkslied angelehnt. Die Besetzung ist entsprechend gewählt: Solisten, Chor, großes Orchester. Derartige Kontraste werden sich im weiteren Jahrhundert immer wieder in Messkompositionen finden: bei Hector Berlioz (*Grande messe de morts*, 1830), bei Charles Gounod, Camille Saint-Saëns, Gabriel Fauré. So sehr sich diese geistliche Musik den Anschein einer eindeutigen Einbindung gibt, so sehr strebt sie gerade in ihrer Stilistik nach der Entgrenzung, indem sie insbesondere auf den Stil der französischen Oper zurückgreift.

1914 — 1920

Politik

1917 • Oktoberrevolution in Russland

1918 • Karl Liebknecht ruft deutsche Räterepublik aus, wird nach Kämpfen gestürzt; Philipp Scheidemann (SPD) ruft Deutsche Republik aus; allgemeines deutsches Frauenstimmrecht

1919 • Rosa Luxemburg und Karl Liebknecht ermordet;
Nationalversammlung in Weimar nimmt Verfassung des Deutschen Reiches mit demokratisch-republikanischer Regierungsform an;
Unterzeichnung des Friedensvertrags von Versailles zwischen Siegermächten und Deutschland

Kultur

1914 • Oskar Kokoschka: Lithographien zur Bach-Kantate *O Ewigkeit, du Donnerwort*

1916 • Franz Kafka: *Die Verwandlung*

1916 • Albert Einstein: *Allgemeine Relativitätstheorie*

1918 • Heinrich Mann: *Der Untertan*;
† Claude Debussy (*L'après-midi d'un Faune*)

1919 • Gründung des „Bauhauses" in Weimar als Zentrum moderner Kunst und Architektur durch Walter Gropius

Hugo Distler

✔ Stellen Sie anhand der Komponisten-Fenster die Vielfalt kirchenmusikalischer Praxis im 20. Jahrhundert dar.

✔ Informieren Sie sich über die Jugendbewegung und entwickeln Sie eine Linie zur Orgelbewegung der 20er-Jahre des 20. Jahrhunderts.

Hugo Distler (1908–1942)

Die *Choralpassion* op. 7 – 1932/33 für die Lübecker Jakobikirche komponiert – versteht sich in eindeutiger Beziehung zur *Matthäuspassion* von Schütz (1666). Sie ist a cappella komponiert, bewusst für den Gottesdienst gedacht und lässt sich von guten (Laien-)Kantoreien aufführen.
Distler selbst schreibt im Nachwort:
„Der Gedanke einer Darstellung der Passionsgeschichte in zeitgemäßer Gewandung, doch im Geist der alten durch Schütz zu herrlicher Vollendung geführten A-cappella-Passion, die in der Verwendung der Mittel sich zugunsten einer volkshaften, allgemeinverständlichen, lapidaren, ebenso primitiven wie eindringlichen Sprache befleißigt: Dieser Gedanke war es, der die Entstehung der vorliegenden A-cappella-Passion veranlasste."
Bereits in den Titeln weiterer Kompositionen knüpft Distler an die Tradition des 17. Jahrhunderts – im besonderen an Heinrich Schütz – an.
I, 17

1908 in Nürnberg geboren
1927 beginnt er in Leipzig Komposition und Orgel zu studieren
1931 muss er aus finanziellen Gründen das Studium abbrechen und tritt sein erstes Organistenamt an der Lübecker St.-Jakobi-Kirche an; in den „Lübecker-Jahren" entsteht ein Großteil der geistlichen Chor- und Orgelkompositionen
1932 *Deutsche Choralmesse* op. 3
1933 *Nun komm der Heiden Heiland, Choralpartita für Orgel* op. 8; *Die Weihnachtsgeschichte* op. 10
1935 die Kasseler Musiktage bringen ihm nachhaltigen Erfolg
1934–1941 *Geistliche Chormusik* op. 12
1937–1940 geht er nach Stuttgart, leitet dort den Hochschulchor und lehrt Orgel und Komposition
1938 *Geistliche Konzerte für hohe Singstimme* op. 17
1940 Berufung an die Hochschule in Berlin, hier erlebt er den Höhepunkt seiner Laufbahn
1941 zusätzlich Übernahme der Leitung des Berliner Staats- und Domchores
1942 nimmt er sich mit Leuchtgas das Leben

Je uneindeutiger die Zuordnung der geistlichen Musik zu ihrem eigentlichen Auftrag wird, desto stärker melden sich die Reformkräfte. Wie im 19. Jahrhundert der Caecilianismus der katholischen Kirchenmusik den einschneidenden Impuls für ihre Erneuerung gab, entstanden zu Beginn des 20. Jahrhunderts in Deutschland gesellschaftliche Kräfte, die sich bewusst von der bürgerlichen Kultur des späten 19. Jahrhunderts absetzten. Die bekannteste ist die Jugendbewegung, die sich besonders kritisch an bürgerlichen Lebensentwürfen, an Riten, aber auch an der bürgerlichen Kunst rieb.
Um 1917 wurde die eigentliche musikalische Jugendbewegung begründet, deren bekanntester Vertreter Fritz Jöde wurde. 1918 erschien Jödes Sammelband *Musikalische Jugendkultur*, seit 1919 bildeten sich Musikgruppen im Sinne der Musikpflege Jödes; sie wurden später „Musikantengilden" genannt. Deren künstlerische Vorstellungen richteten sich u. a. gegen das Virtuosentum, gegen die Mechanisierung, Industrialisierung und Vermarktung von Musik, auch gegen die gesellschaftliche und künstlerische Zersplitterung und Spezialisierung. Demgegenüber wurden das Gemeinschaftliche und „Organische" in der Musik betont, offene Singstunden dienten der Volksliedpflege und bildeten ein Bollwerk gegen die aufkommende Schlager-Kultur. Zur Ausbreitung des Jugendmusikgedankens trugen Singtreffen, Schulungswochen und Lehrgänge bei.

Die Kulturkritik zu Anfang des 20. Jahrhunderts findet sich, verstärkt durch die Eindrücke des Ersten Weltkrieges, die das gesamte gesellschaftliche Wertesystem infrage stellen, auch in kirchlichen Bewegungen. So wird beispielsweise bereits Ende des 19. Jahrhunderts das enge Verhältnis von (bürger-

1920 — 1930

1920 • Mahatma Gandhi ruft indische Bevölkerung zum waffenlosen Kampf für die Unabhängigkeit auf

1920 • Gründung des Völkerbundes

1922 • Sowjetstaaten bilden Union der Sozialistischen Sowjetrepubliken (UdSSR)

1923 • Höhepunkt der Inflation in Deutschland; antidemokratischer Hitler-Ludendorff-Putsch in München; Hitler erhält Festungshaft (bis 1924)

1925 • Räumung der in Deutschland besetzten Gebiete (Ende: 1930)

1929 • Heinrich Himmler wird „Reichsführer" der SS; Weltwirtschaftskrise (bis 1933)

1929 • Konkordat des Papstes mit dem faschistischen Italien

1921 • Einstein erhält den Physik-Nobelpreis

1923 • Entwicklung von Hörfunk und Tonfilm

1924 • George Gershwin: *Rhapsody in Blue*

1925 • Adolf Hitler: *Mein Kampf*

1928 • Maler und Bühnenbildner George Grosz: Verurteilung wegen Gotteslästerung; Bertolt Brecht/Kurt Weill: *Dreigroschenoper*

1929 • Literatur-Nobelpreis an Thomas Mann (*Die Buddenbrooks*)

1930 • Tonfilm: *Der blaue Engel* (mit Marlene Dietrich); *Die Drei von der Tankstelle* (mit Heinz Rühmann)

Albert Schweitzer (1875–1965)

Kaum ein anderer Gelehrter des ausgehenden 19. Jahrhunderts hat einen so großen Einfluss im wissenschaftlichen und künstlerischen Bereich gehabt wie Albert Schweitzer. Seine Bedeutung für Theologie, Philosophie und Medizin (in allen Disziplinen hat er promoviert!) ist ebenso wenig zu unterschätzen wie für die Musik. Gleichzeitig ist sein charitatives Engagement durch die Gründung des afrikanischen Hospitals Lambarene beispielhaft gewesen.
Als Organist ist Schweitzer sowohl von der französischen Tradition – durch seinen Lehrers Ch. M. Widor – als auch von der deutschen geprägt. In die Orgelbewegung verstand er sich als Reformator im Gegensatz zu Tendenzen und Ansichten, wo die Orgel dem Fin de siecle zustrebte. Ihm kam es darauf an, eine Kontinuität zur Orgeltradition wiederherzustellen, und so kam er zu den Orgeln von Silbermann, Cavaille-Coll und Walcker.
1906 erschien Schweitzers Abhandlung über die französische und deutsche Orgelbaukunst. Ebenso wichtig war aber die Arbeit zu J. S. Bach, aus der zwei Bücher hervorgingen, ein französisches und ein deutsches. In beiden ist die Bach-Auffassung Schweitzers niedergelegt, seine Bach-Ästhetik und deren Hintergründe. II, 1

Orgelbewegung

Die Hinwendung zur sog. Alten Musik besonders von Schütz, Buxtehude und Bach verlief parallel mit der von Albert Schweitzer initiierten Orgelbewegung, aber auch zur liturgischen, den Gottesdienst erneuernden Bewegung der 20er- und 30er-Jahre insbesondere der evangelischen Kirche. Schweitzers Schlüsselerlebnis ist die Entdeckung des Klanges, aber auch der besonderen Spieltechnik der großen Schnittger-Orgel der St. Jacobi-Kirche zu Hamburg.
Diese Orgel ist trotz Kriegswirren nicht einschneidend beschädigt gewesen, sodass ein Klangvergleich zwischen der zu dieser Zeit üblichen romantischen Orgel und einer Barockorgel möglich wird. Dabei stellt sich heraus, dass gerade für die Musik des 17. und 18. Jahrhunderts der Klang der historischen Orgel ideal ist; ihre Transparenz lässt auch komplizierte polyphone Strukturen Bachscher Kompositionen überhaupt erst erkennen. Dadurch aber wird zu diesem Zeitpunkt der Wunsch immer stärker, die Musik vor 1750 neu zu entdecken. Zu den großen Neu- bzw. Wiederentdeckungen gehören besonders norddeutsche Orgelkomponisten des 17. Jahrhunderts wie Scheidemann, Bruhns, Praetorius, Buxtehude, Reinken und viele andere mehr.

Albert Schweitzer

licher) Kultur und (bürgerlicher) Kirche von dem Schweizer Theologen Franz Overbeck mit der eingängigen Sentenz beschrieben: *„Wenn Christentum, dann keine Kultur, wenn Kultur, dann kein Christentum."* Karl Barth, einer der führenden evangelisch-reformierten Theologen der ersten Hälfte des 20. Jahrhunderts, fordert in seinem Römerbriefkommentar auf dem Hintergrund dieser Overbeckschen Einsicht, eine radikale Neuorientierung, die darin besteht, sich der christlichen Wurzeln jenseits des Bürgertums bewusst zu werden.
Im Zusammenhang mit dieser Kritik ist auch die Erneuerungsbewegung der evangelischen Kirchenmusik in den 20er-Jahren des 20. Jahrhunderts zu verstehen. Die Kirchenmusik möge sich (wieder) auf ihre eigentlichen Ursprünge besinnen. Die Grenzüberschreitungen zwischen Kirchen- und bürgerlicher Konzertmusik, wie sie im 19. Jahrhundert selbstverständlich sind, lehnt man jetzt nachdrücklich ab; stattdessen entsteht ein neues Bewusstsein für die geistliche Musik, die an einen bestimmten Ort und an bestimmte Zeiten gebunden ist.
Nachdem es sich im 19. Jahrhundert eingebürgert hatte, dass man auch in den Kirchen bezahlte Chorsänger beschäftigte, die meist auch professionell ausgebildet waren, blüht seit den 20er-Jahren das Kantoreiwesen auf. Chöre entstehen auf freiwilliger Basis. Diese Kantoreien verstehen sich als Teil der gottesdienstlichen Gemeinde, die stellvertretend für alle Gemeindeglieder musikalische Werke aufführt.

1931 — 1940

Politik	**1932** • Auflösung des Reichstages wegen Aufhebung einer Notverordnung **1933** • Reichspräsident Paul von Hindenburg beruft Hitler zum Reichskanzler; NS-Konzentrationslager errichtet; Reichstagsbrand	**1934** • Himmler wird Chef der Gestapo; Hitler macht sich zum „Führer und Reichskanzler" **1935** • Hakenkreuzflagge wird alleinige Reichsflagge **1936** • Benito Mussolini: „Achse Berlin-Rom"	**1938** • Neville Chamberlain führt erfolglos Friedensverhandlungen mit Hitler; schwere Judenverfolgungen durch deutsches NS-Regime („Reichskristallnacht") **1939** • Beginn 2. Weltkrieg mit Überfall auf Polen
Kultur	**1931** • Marc Chagall: Illustrationen zur Bibel; Bau des Empire State Building in New York **1933** • Bertold Brecht, Thomas Mann emigrieren; „Pfarrernotbund" als Widerstandsbewegung gegen den NS-Staat; „Reichskonkordat" zwischen Hitler und Vatikan	**1934** • „Barmer Theologische Erklärung" und Dahlemer Bekenntnissynode zeigen Willen zum Widerstand gegen Gleichschaltung der evangelischen Kirche **1935** • † Kurt Tucholsky, Schriftsteller	**1936** • Verbot „Deutscher Künstlerbund"; Ausbürgerung Thomas Manns; Carl von Ossietzki, im KZ, darf Friedens-Nobelpreis nicht annehmen **1937** • Pablo Picasso: *Guernica*; NS-Ausstellung „Entartete Kunst"; Papst Pius XI. „Mit brennender Sorge" (Bedenken gegen den NS-Staat) **1938** • Pastor Martin Niemöller kommt in KZ-Haft

Olivier Messiaen

Olivier Messiaen (1908–1992)

Messiaen gehört zu den mit weitem Abstand selbstständigsten Komponisten Frankreichs im 20. Jahrhundert. Seine eigene Musiksprache (erschienen 1944 unter dem Titel: *Technique de mon langage musical*) basiert auf sog. Modi, die sich aber weder an die Zwölftönigkeit noch an die Gregorianik anlehnen. Seine Rhythmuslehre ist sehr stark von indischen Ragas geprägt. In seiner musikphilosophischen Begründung orientiert sich Messiaen an einem sehr weiten Katholizismus, der den Vögeln eine prophetische Rolle zuweist. Seine musikalische Sprache übernimmt diese Vogelklänge immer wieder. Viele seiner Werke setzen die Orgel als Instrument voraus. Sie sind selbst dort, wo es der Titel nicht ausdrücklich hergibt, immer als geistliche Musik zu verstehen. II, 2

1908 in Avignon geboren
1919–1930 Studium am Conservatoire in Paris, Orgel: Marcel Dupré und Komposition: Paul Dukas
1928 *Le banquet céleste* für Orgel
1931 Übernahme der Organistenstelle an der Kirche St. Trinité zu Paris, die er Zeit seines Lebens inne hatte
1936 Gründer der Gruppe „Jeune France"
1939 *Les Corps glorieux* für Orgel
1940 *Quatuor pour la fin du Temps* für Violine, Klarinette, Cello und Klavier
1939/40 Teilnahme am Zweiten Weltkrieg, Gefangenschaft in Görlitz
1947 Klasse für Analyse, Ästhetik und Rhythmus am Conservatoire in Paris
1948 *Turangalila-Symphonie* für großes Orchester
1950/1953 Dozent bei den Darmstädter Ferienkursen
1951–1953 *Livre d'Orgue*
1956/58 *Catalogue d'oiseaux* für Klavier
1959/60 *Chronochromie* für großes Orchester
1966 Professor für Komposition am Conservatoire, zahlreiche internationale Ehrungen
1972 *Méditations sur le Mystère de la Sainte Trinité* (Orgelzyklus)
1983 *Saint François d'Assise* (Oper)
1985 *Petites Esquisses d'oiseaux* Sechs Stücke für Klavier
1992 in Paris gestorben

Saint François und der Engel (Szenenfoto aus der Deutschen Oper Berlin)

Aufgrund dieser neuen Situation erfährt in den 20er-Jahren die geistliche Chormusik des 16. und 17. Jahrhunderts – und hier besonders die Gattung der A-cappella-Motetten – eine ungeahnte Renaissance. Neben Johann Sebastian Bach spielt besonders Heinrich Schütz eine zentrale Rolle. Sein bewusst das einzelne Wort auskomponierender Stil wird, wenn auch mit neuen klanglichen Mitteln, von den Komponisten dieser Reformepoche übernommen, allen voran der Lübecker Jacobi-Organist Hugo Distler.

Weitere Komponisten in dieser Erneuerungsbewegung, die bis in die 50er-Jahre hineinreicht, sind u. a. E. Pepping, J. N. David, J. Driessler. Sie alle arbeiten – zumindest eine Zeit ihres Lebens – als Kirchenmusiker. Gemeinsam ist ihnen, dass

- sie an den polyphonen Stil des 16. und 17. Jahrhunderts anknüpfen,

1940 → **1950**

1941 • Hitler greift die UdSSR an; Beginn der Ermordung von Millionen Juden in den Gaskammern der Vernichtungslager

1942 • Wannseekonferenz („Endlösung der Judenfrage“)

1943 • Aufstand Warschauer Ghetto; Geschwister Scholl verbreiten an Münchner Universität antifaschistische Flugblätter „Weiße Rose“

1944 • Missglückter Attentatversuch auf Hitler; deutsche Luftangriffe auf englische Städte

1945 • † Hitler (Selbstmord); Waffenstillstand

1946 • Nürnberger Kriegsverbrecherprozess; Konrad Adenauer Vorsitzender der CDU; Kurt Schumacher Reorganisator und Vorsitzender der SPD

1949 • Gründung von BRD und DDR

1950 • Remilitarisierung Deutschlands; 1,5 Mill. Deutsche noch vermisst

1940 • der unter Einflussnahme von Joseph Goebbels gedrehte Film *Jud Süß* kolportiert antijüdische Propaganda

1941 • Brecht: *Mutter Courage*

1942 • † Robert Musil (*Der Mann ohne Eigenschaften*)

1945 • † Käthe Kollwitz („Krieg“)

1946 • Literatur-Nobelpreis an Hermann Hesse; Dietrich Bonhoeffer: *Auf dem Wege zur Freiheit. Gedichte aus Tegel*

1947 • Gründung der „Gruppe 47“

1949 • Goethe-Jahr, Wiederaufbau des Goethe-Hauses in Weimar; Theodor Wiesengrund Adorno: *Philosophie der Neuen Musik*

Bernd Alois Zimmermann (1918–1970)

Zimmermann verwendet in zahlreichen Kompositionen den mittelalterlichen Hymnus *Veni creator spiritus* – sowohl in Kammermusikwerken als auch in seiner Oper *Die Soldaten*. Alle Werke sind trotz dieses Zitats geistlicher Musik nicht für die Kirche geschrieben. Für Zimmermann mag, da der Hymnus immer wieder fast unhörbar zitiert wird, dies eine Art persönlichen Bekenntnisses sein. Er hat ein distanziert-kritisches Verhältnis zur katholischen Kirche, nicht aber zum Christentum, und komponiert bewusst keine Kirchenmusik. Hier bleiben nur noch Chiffren, die auf eine nicht mehr tragfähige Funktion verweisen. Trotzdem hat selbst ein Werk wie die *Solosonate für Cello* ein Motto aus dem Prediger Salomonis vorangestellt: *„... und alles Vornehmen unter dem Himmel hat seine Stunde.“* II, 3

1918 in Bliesheim bei Köln geboren
1937–1947 Studium in Bonn, Köln und Berlin
1948/49 Besuch der Darmstädter Ferienkurse
1950 Lektor am musikwissenschaftlichen Institut der Universität Köln
1958 Lehrstuhl für Komposition an der Musikhochschule Köln
1970 begeht er Selbstmord

Karlheinz Stockhausen (*1928)

Stockhausen komponiert 1956 den *Gesang der Jünglinge im Feuerofen*, indem er die Worte aus dem Buch Daniel zusammen mit elektronischen Klängen verarbeitet. Stockhausen kommt es auf eine klangliche Verbindung der gesungenen Worte mit den elektronischen Klängen an. Ihm geht es primär um den Umgang mit dem Material, das im Studio bearbeitet wird; die religiöse Dimension entfällt.
Seine seit 1977 konzipierte Oper *Licht* greift religiöse Motive (z. B. der Engel) auf, ohne damit geistliche Musik zu sein. Bis heute gilt seine gesamte Aufmerksamkeit diesem Opernprojekt aus sieben abendfüllenden Teilen.

1928 in Mödrath bei Köln geboren
1947–1951 studierte er in Köln Klavier und Schulmusik
1952–1953 studierte er in Paris bei Messiaen und arbeitete im Rundfunk des Pierre Schaeffers Club d'essai
1954–1956 studierte er in Bonn Phonetik und Kommunikationswissenschaft
1963–1977 Leiter des Studios für elektronische Musik am WDR Köln
1971–77 Professor für Komposition an der Musikhochschule Köln

Bernd Alois Zimmermann

Karlheinz Stockhausen

- sie modale, den Kirchentonarten entsprechende Harmonisierungen verwenden,
- durch die Abkehr von sinfonischen Vorstellungen des 19. Jahrhunderts kleinere Besetzungen notwendig werden,
- für sie die Betonung des einzelnen Text-Wortes im Vordergrund steht,
- sie ihre Musik funktional, d. h. auf den Gottesdienst hin ausgerichtet sehen,
- kein virtuoser Anspruch gefordert werden kann, weil man für Laien komponiert.

Stilistisch orientieren sie sich im Wesentlichen an neoklassizistischen Modellen, die sich bewusst von der Zwölftönigkeit Schönbergs und seiner Schule absetzen. Stattdessen spielen ein Zentralton, die sogenannten Kirchentonarten, der Verzicht auf harmonie- oder tonartentscheidende Konsonanzen wie Terzen und Sexten eine ganz wesentliche Rolle. Der Umfang der Werke ist aufgrund ihrer dienenden Funktion stets überschaubar.
Ist die Kirche in Deutschland zwischen Erstem und Zweitem Weltkrieg besonders durch das Kantoreiwesen geprägt, so liegt dies nicht zuletzt an der Wiederentdeckung des Gottesdienstes als dem Zentrum der singenden Gemeinde. Die protestantischen Erneuerungsbewegungen der 20er- und 30er- Jahre gehen mit einer Wiederentdeckung der alten Choräle und verschiedener gottesdienstlicher Formen einher, die zum Ende des 19. Jahrhunderts zum Teil in Vergessenheit geraten waren. Gebete und Psalmen werden wieder im Wechsel nach den Melodien der Lutherzeit gesungen, der Chor übernimmt ebenfalls liturgische Funktionen und wählt seine Literatur aus der Zeit zwischen 1520 und 1750 oder ab 1920. Bis in die 60er-Jahre hinein hat diese kirchenmusikalische Position zumindest in Deutschland ihre Gültigkeit.

1951 — **1960**

Politik

1952 • 16.000 DDR-Flüchtlinge nach Westberlin (Rekordhöhe); Abkommen zwischen Deutschland und Israel über Wiedergutmachung des vom NS-Regimes an den Juden begangenen Unrechts, über 3,5 Mrd. DM; Deutschlandvertrag zwischen BRD und den Westmächten

1953 • DDR Arbeiteraufstand in Ostberlin

1954 • USA Aufnahme von Atombombenversuchen im Pazifik

1959 • Rechtsradikale schänden Synagoge im Köln; Revolution in Kuba unter Fidel Castro siegreich

Kultur

1952 • 3. Strophe des „Deutschlandliedes" wird zur Nationalhymne; Max Brod: *Der Meister*, Christusroman

1953 • Pulitzer-Preis für Ernest Hemingway (*Der alte Mann und das Meer*); Le Corbusier (französischer Architekt) gestaltet die Pilgerkapelle Ronchamp für den Dominikanerorden

1954 • Papst Pius XII. warnt bei Aufnahme des Fernsehbetriebs vor den Gefahren des neuen Mediums

1955 • † James Dean (*Jenseits von Eden*)

1956 • Elvis Presley: *Heartbreak Hotel* – Siegeszug des Rock'n'Roll

1957 • Max Frisch: *Homo Faber*, Roman des Technikzeitalters; Leonard Bernstein: *West Side Story*

György Ligeti

✔ Diskutieren Sie die Frage, ob man bei Kompositionen von Ligeti, Zimmermann oder Stockhausen von geistlicher Musik sprechen kann.

György Ligeti (*1923)

Er ist einer der bekanntesten und eigenständigsten Komponisten dieses Jahrhunderts, greift gerade in den 60er-Jahren mit seinem *Requiem* und mit *Lux aeterna* unmittelbar Vorlagen der geistlichen Musik auf. So sehr diese Vorlagen den Hörer allein schon aufgrund der Texte an die kirchenmusikalische Tradition erinnern mögen, so sehr sind diese Kompositionen entfernt von dem, was kirchenmusikalischem Denken der Zeit und insbesondere ihrer Realisierbarkeit entspricht. Sie verhalten sich ähnlich den großen Requiem-Vertonungen von Berlioz, Brahms oder Verdi, die in ihrem Ausmaß und in ihrem Schwierigkeitsgrad sich gerade von der gottesdienstlichen Funktion absetzen und ihren Ort eher im Konzertsaal haben.
So entsteht am Ende des 20. Jahrhunderts ein ähnlich offenes Bild wie bereits im 19. Jahrhundert, wenn man beschreiben möchte, was geistliche Musik sei. Geistliche Musik ist nicht unbedingt gebunden an einen bestimmten Ort, z. B. den Kirchenraum, sie ist nicht gebunden an eine bestimmte Zeit, z. B. an einen Gottesdienst, sie versteht sich nicht als ein bestimmter Stil, als eine besondere Kompositionstechnik.
In ihrer Vielfalt der einzelnen Aussagen jedoch ist zu fragen nach den unterschiedlichen Anlässen, deretwegen sie komponiert wurde, es ist zu fragen nach Zeit und Ort, nach dem Wie und dem Warum, weil man nur so entdecken kann, was sich hinter einer Musik verbirgt, die mehr zu sein beansprucht als ein zufälliges Klangereignis. Wie kaum eine andere Musik beansprucht die geistliche eine Auseinandersetzung mit den lebensentscheidenden Fragen, um die es auch der Religion geht. Diesen Fragestellungen auszuweichen, würde der Intentionalität der Musik nicht entsprechen – selbst dort, wo man meint, der vertonte Text würde „nur" einen Mythos transportieren.
II, 4

1923 in Ungarn geboren, später Studium an Franz Liszt Akademie Budapest
1956 nach der Revolution verließ er Ungarn und ging nach Wien
1957–1959 arbeitete er beim WDR in Köln
1961 *Atmosphères*
1962/63 *Adventures*
1963/65 *Requiem*
1973–1989 Professor für Komposition an der Musikhochschule Hamburg
1974–1977 *Le grand Macabre*, Oper in 2 Akten
1975 Bach-Preis der Stadt Hamburg
1990–1992 *Konzert für Violine und Orchester*
1998/99 *Hamburgisches Konzert*

In England knüpfen Edward Elgar, Gustav Holst, Ralph Vaughan Williams, aber auch Benjamin Britten und Michael Tippett stilistisch an die spätromantische Epoche an; auch die liturgische Einbindung in die verschiedenen Gottesdienstformen der Anglikanischen Kirche, die in Deutschland im 19. Jahrhundert zumindest von der avancierten Musik oft aufgegeben war, stand dort nie zur Disposition. Insofern verzeichnet die englische Kirchenmusikgeschichte keinen Bruch wie den in Deutschland in den 20er-Jahren.
Auch die französische Kirchenmusik knüpft an alte Traditionen an, doch entwickelt sie mit Dupré, Langlais, Messiaen und Alain eine eigene Tonsprache gerade für die Orgel, die seltener konzertant als gottesdienstlich verwendet wird.
Doch bereits in den 50er-Jahren geht die Schere zwischen der stark liturgisch-funktional eingebundenen Kirchenmusik einerseits und andererseits der allgemeinen Kompositionsgeschichte auseinander. Kompositionen, die an sich nicht unmittelbar der geistlichen Musik zugeordnet werden können, dennoch eine solche Thematik aufgreifen, orientieren sich gerade nicht mehr an der kirchlichen Einbindung. Eine persönliche religiöse oder gottesdienstlich-funktionale Verbindung auf Grund der Textvorlagen ist nicht mehr notwendig gegeben. Vielmehr sieht man die Textinhalte als allgemeingültige menschliche Zeugnisse.
Zu Beginn der 60er-Jahre hat sich eine eigene Bewegung entwickelt, die sich abseits der ambitionierten Kirchenmusik bewusst an Laien wendet. Das sogenannte „Neue Kirchenlied" orientiert an Vorbildern der populären Musik, an Folksongs, an Rocktiteln, aber auch an Schlagern. Zu den auch in Deutschland bekanntesten gehört das ursprünglich schwedische

1960 — 1970

1961 • Berliner Mauer

1962 • 2. Vatikanisches Konzil

1963 • John F. Kennedy in Deutschland, 22.11. Ermordung in Dallas

1964 • Friedensnobelpreis an den US-Schwarzenführer und Geistlichen Martin Luther King (*1929); Beginn des Vietnamkriegs durch amerikanische Bombardements des kommunistischen Nordvietnam

1968 • Attentat auf linksradikalen Studenten-Führer Rudi Dutschke in Berlin; Mord an M. L. King

1969 • Neil Armstrong als erster Mensch auf dem Mond

1970 • Kniefall von Warschau: Bundeskanzler Willy Brandt legt für die Opfer des Warschauer Ghettos zwei Kränze nieder

1960 • Alfred Hitchcock: *Psycho*

1962 • Friedrich Dürrenmatt: *Die Physiker*

1964 • Jean-Paul Sartre (*Das Sein und das Nichts*) lehnt den Nobelpreis ab; Beatles brechen mit fünf Chart-Hits gleichzeitig alle Rekorde

1965 • Papst Paul VI. führt die Bischofssynode als beratendes Organ des Papsttums ein

1968 • Siegfried Lenz: *Die Deutschstunde*

1969 • † Otto Dix, Maler der Neuen Sachlichkeit; in Woodstock über 400.000 Menschen bei Popfestival

1970 • † Jimi Hendrix, Gitarrist; † Erich Maria Remarque, Schriftsteller (*Im Westen nichts Neues*)

Dieter Schnebel (*1930)

Dieter Schnebel – zunächst Theologe und Musiklehrer in München, später Komponist in Berlin – greift religiöse Themen auf. In seinem Werk *Glossolalie* nimmt er den Gedanken der urchristlichen Zungenrede auf, ein ekstatisches Reden, das für andere nicht verständlich ist. Die Komposition integriert zahlreiche Sprachen in verschiedenen Bruchstücken. „Das historisch Neue" von *Glossolalie* (1960/61) liegt jedoch in der Universalität, in der Sprache hier erscheint: Durch das Nebeneinander von Archaismen und Gegenwartssprache zeigt sie sich in der historischen Dimension der Zeit, durch den Abstand zwischen gehobener Bildungssprache und gemeinem Jargon wird sie in ihrer vielfältigen sozialen Schichtung präsent und durch unterschiedliche Dialekte und Nationalsprachen wird sie in ihrer regionalen und internationalen räumlich-geografischen Existenzform greifbar. Wie aber soll solch heterogene Mannigfaltigkeit von Sprache als Musik gelten können? Gerade durch die Entwicklung der Komposition mit der Sprache entsteht die besondere Spielart der Sprachmusik, die den religiösen Zusammenhang des Textes aufzulösen scheint. Der kirchlich-gottesdienstliche Rahmen verändert sich zugunsten des Konzerts. Auch das interpretatorische Anspruchsniveau wird gesteigert; entgegen der Laienorientierung können die meisten Werke nur noch von professionellen Ensembles umgesetzt werden. II, 5

1930 in Lahr/Baden geboren
1949–1952 Studium der Theologie und Musikwissenschaft in Freiburg und Tübingen
1956–1969 *Für Stimmen (... missa est)*
1957–1970 Pfarrer in Kaiserslautern, Frankfurt a. M., daneben Lehrtätigkeit u. a. auch in München
1977–1995 Professur für experimentelle Musik und Musikwissenschaft an der Hochschule der Künste in Berlin (HdK), daneben Predigttätigkeit in der Jesus-Christus-Kiche in Berlin-Dahlem
1984–1987 Fünf geistliche Lieder von Bach für Stimme und kleines Orchester
1988 *Missa* (Dahlemer Messe)
1991 Lahrer Kulturpreis
1989–1992 *Hymnus für Klavier und Orchester*
1989–1994 *Totentanz* für Chor und Orchester
1999 Preis der Europäischen Kirchenmusik
2000/2001 Bearbeitung von Kirchenchorälen und Orgelwerken von Bach für Expo 2000 und documenta 2002

Dieter Schnebel

✔ Begründen Sie, warum die Kirchenmusik der Moderne der Bewegung des Neuen Geistlichen Liedes so kritisch gegenübersteht. Beziehen Sie die stilistischen Mittel in die Beantwortung der Frage ein.

Lied *Herr deine Liebe*, das von dem Drottningholmer Hofprediger Anders Frostenson 1968 gedichtet wurde. Die Melodie von Lars Åke Lundberg übernimmt Elemente des Volksliedes mit den entsprechenden Möglichkeiten der Begleitung beispielsweise durch die Gitarre. Damit aber ist die Kirche als Ort geistlicher Musik – ähnlich wie bereits einmal im Pietismus des 17. Jahrhunderts – nicht notwendig.

Inzwischen hat sich eine neue Kultur geistlicher Musik herausgebildet, die sich nicht mehr an der Tradition orientiert und diese weiterentwickelt, sondern unmittelbar an die Jugendkulturen anknüpft. Es handelt sich um eine Musik, die sich auf die Erweckungsbewegungen besonders nach dem Zweiten Weltkrieg, insbesondere aber der 70er-Jahre gründet. Diese entstanden zunächst in den Freikirchen, später fanden sie sich auch in der evangelischen und der katholischen Kirche wieder. Sie beziehen sich auf die sogenannte „charismatische Bewegung", die sich um eine innere Reform der Kirchen bemüht; dazu gehören auch neue Gottesdienstformen, ein wesentlich breiterer Raum für spontane Elemente und ein unmittelbares Erleben religiöser Gemeinschaft in Liedern und Gebeten. In ihrem Selbstverständnis ausgesprochen kritisch gegenüber der verfassten Kirche suchen sich diese Bewegungen ungewöhnliche Räume, so z. B. Kinos, Theater, Fabrikhallen. Ihr Zulauf ist entsprechend groß, sonntägliche Gottesdienste von mehreren tausend Menschen sind keine Seltenheit. Den Grund für diesen Zulauf sehen die Vertreter der charismatischen Gemeinden neben der persönlichen Ansprache im Wesentlichen in der Überwindung liturgischer Ausrichtung. „Gott preise ich mit meiner Musik", so ein 17-jähriger Jugendlicher, der in einer bewusst charismatisch orientierten Band spielt.

1971 — 1985

Politik

1971 • Bombenanschläge der linksradikalen Baader-Meinhof-Gruppe in der BRD

1974 • Bundeskanzler Willy Brandt tritt zurück

1975 • Kapitulation Saigons vor dem Vietcong; Ende des Vietnamkriegs

1980 • Polnische Arbeiter setzen mit Unterstützung Lech Walesas und Papst Johannes Pauls II. (Karol Wojtyla) Gewerkschaftsrechte durch Gründung freier Gewerkschaften

1982 • Helmut Kohl wird Bundeskanzler

1983 • Friedensnobelpreis an Lech Walesa

1985 • Michail Gorbatschow wird Generalsekretär der KPdSU

Kultur

1972 • Literatur-Nobelpreis an Heinrich Böll (*Ansichten eines Clowns*)

1976 • US-Film *Einer flog übers Kuckucksnest* (nach dem Roman von Ken Kesey)

1979 • Friedenspreis des deutschen Buchhandels an den Geiger Yehudi Menuhin

1980 • † John Lennon erschossen; *Das Boot*, deutscher Spielfilm

1981 • *Wir Kinder vom Bahnhof Zoo*, Film über die Berliner Rauschgiftszene; Andrew Lloyd Webber *Cats*

1984 • Michael Ende: *Die unendliche Geschichte*; *Amadeus*, Mozart-Film von Milos Forman

Martin Pepper

Hillsong Initiative

Zu den bekanntesten und erfolgreichsten Gruppen gehört die australische Hillsong Initiative mit Darlene Zschech, die eine eigene Kirche begründet hat. Der Übergang von der christlich-musikalischen Bewegung hin zu einer Verehrung, wie sie Popstars erfahren, scheint eher fließend.

Im Internet findet sich folgender Hinweis: *„From the humble beginnings of its first service in August 1983 when a congregation of 45 met in a school hall, Hillsong Church now ministers to a congregation of thousands in Sydney and millions worldwide through their music. Since the release of the first recorded album* Spirit *and* Truth *in 1988, Hillsong Music has grown to become a dynamic music label dedicated to help Christians worldwide to embrace the vision of Hillsong Church:*

To see people all over the world with their hands lifted, bringing praise to the name of Jesus. To see nations all over the world being changed by the Gospel…

Worship Pastor Darlene Zschech, writer of Shout To The Lord, *leads a dedicated group of singers and musicians who, week in week out, give their time and energy to lead the church in atmosphere of worship. It is this dedication that is reflected on the albums."*

Martin Pepper

In Deutschland ist besonders der Berliner Martin Pepper zu nennen, dessen populäre Lieder für eine ganze Bewegung stehen. Seine musikalischen Initiativen gehören zum festen Bestandteil charismatischer Gottesdienste egal welcher Konfession. Unmittelbare biblische Anklänge oder Zitate finden sich nicht, wohl aber der Hinweis auf das Gericht Gottes, wie es auch im *Dies irae* des Requiem als entscheidender Bezug zitiert wird.

1958 in Kerken am Niederrhein geboren
1976–1978 Studium von Theologie und Musik in Wolfenbüttel und Dallas, Texas
1979 erstes Solo Album *Feel the touch*
1980–1985 Assistenzpastor des Christlichen Zentrums Berlin (Kirche am Südstern)
1987–2000 Gründung und Leitung der Gospelgemeinde Berlin
2000 freiberuflicher Musiker und Referent der Gospelgemeinde, Gründung eines eigenen Musiklabels und Buchverlages
2001 erste Auftritte in den USA, Kanada, England, Peru, Kroatien mit *songs*

Die Musik knüpft dementsprechend an die Alltagsmusik der Jugendlichen an. Sie wird oft selbst geschrieben, oder aber es werden Titel von anderen Gruppen übernommen.

Neben Gruppen, in deren Texten sich die unmittelbare christliche Botschaft widerspiegelt, geht es anderen Interpreten wie z. B. Thomas Dürr von den „Fantastischen Vier" – einer der erfolgreichsten deutschen HipHop-Bands – um eine eher allgemeine Botschaft, die aber in ihrer ethischen Ausrichtung Spuren christlicher Überzeugung in sich birgt: *„Künstler haben am ehesten die Möglichkeit, einen Lebensstil zu vertreten und positiv vorzuleben. Andere haben vielleicht nicht die Möglichkeit, sofort ihren Job zu kündigen oder so was, aber so krass muss das ja nicht sein. Man kann auch mit Kleinigkeiten was verändern, einfach dadurch, dass die Leute sehen, dass es* anders *geht, dass man auch an-*

1985 — 2001

1987 • Verkündigung der Liberalisierung in der UdSSR in Wirtschaft „Perestroika“ und politischer Öffentlichkeit „Glasnost“

1989 • Freie Wahlen in der UdSSR; Erich Honecker tritt ab; Fall der Berliner Mauer

1990 • Deutsche Wiedervereinigung; Attentat auf SPD-Kanzlerkandidat Oskar Lafontaine; Attentat auf Bundesinnenminister Wolfgang Schäuble (CDU)

1991 • Beginn des Bürgerkriegs in und Zerfall Jugoslawiens

1993 • Zerfall derČSSR in Tschechei und Slowakei

1995 • Ermordung des israelischen Ministerpräsidenten Yitzhak Rabin

2001 • Terroristische Attacke auf das World Trade Center

1988 • Michael Jackson erstmals auf Deutschlandtournee, im Folgejahr ist sein Song *Thriller* weltweit meist verkaufter Titel

1989 • † Samuel Beckett, Dramatiker des „absurden Theaters“ (*Warten auf Godot*), Literatur-Nobelpreis 1969

1992 • † Marlene Dietrich, Filmschauspielerin

1993 • Literatur-Nobelpreis an die afro-amerikanische Schriftstellerin Toni Morrison (*Jazz*)

1994 • *Schindlers Liste*, Regie Steven Spielberg, erhält Oscars

1999 • Günter Grass (*Die Blechtrommel*) erhält den Literatur-Nobelpreis

1995 • Christo verhüllt das Reichstagsgebäude in Berlin

P.O.D.

Die nicht unmittelbar aus der charismatischen Bewegung stammende Gruppe P.O.D. wird im Internet z.B. so vorgestellt: Ihr spiritueller Hintergrund im christlichen Glauben ist ihnen wichtig, ohne dass sie ihn *„jedermann vor die Nase halten müssen“*. Deutlich wird dies auch am kryptisch anmutenden Bandnamen. „Payable On Death“ – fällig im Todesfalle – lautet in etwa die Übersetzung ins Deutsche. *„Am Ende wird abgerechnet und über dich gerichtet werden.“*
Die Frage, ob die Welt noch eine weitere crossovernde Band braucht, ist eine, die sich selbst beantwortet, wenn man sich auf den Stilmix der vier einlassen kann. Die Plattensammlung der Band weist keine Stilgrenzen auf und so verfahren sie auch mit ihrem Sound. Befreit von einengendem Genre-Denken, verbinden sie verschiedenste musikalische Elemente. Zu den herausragenden Beispielen gehört der Song *Set Your Eyes To Zion* der 1999 erschienenen CD *The Fundamental Elements Of Southtown*. In ihm wird die biblische Botschaft, die sich aus dem ursprünglichen Text des Psalms 121 ergibt, individuell ausgelegt. Die Anspielung auf Babylon (*„and don't be trapped by Babylon“*) bezieht sich auf die Apokalypse des Johannes:

„Und die Frau war in Purpur und Scharlach gekleidet und reich mit Gold, Edelsteinen und Perlen geschmückt. Sie hatte auch einen goldenen Becher in ihrer Hand, doch der war voll von Abscheulichkeiten und dem Schmutz ihrer Unzucht, und auf ihrer Stirn stand ein geheimnisvoller Name geschrieben: ‚Babylon die Große, die Mutter der Huren und der Abscheulichkeiten auf Erden‘“. (Offenbarung 17, 4–5)

Gerade in der Verbindung zwischen der Psalmenlyrik des Alten Testaments und der johanneischen Vision des Endes der Menschheit entsteht eine religiös orientierte Mischung, die sich nicht mehr an die Kirche als Raum und als Institution bindet, sondern die Rockbühne zur Verkündigung sucht. Doch entscheidend ist für die Wirkung des Textes immer wieder die Musik in ihrer ganz spezifischen Hard-Rock-Ausprägung, die zunächst eher traditionell wirkt. Der hochinteressante Stilmix versucht dabei jedoch immer, möglichst textnah zu arbeiten. II, 6

P. O. D.

✔ Erläutern Sie die verschiedenen Elemente, die von P.O.D. aus der biblischen Tradition übernommen werden. Diskutieren Sie in diesem Zusammenhang auch die Frage, ob es legitim ist, die biblische Botschaft in dieser Art zu aktualisieren und auf einer Rockbühne zu präsentieren.

ders leben kann. Das ist auch das Konzept, das meine letzten Alben verbindet. Besonders auf Lektionen in Demut *versuche ich, Menschen Anregungen zu geben und ihr Leben positiv zu verändern. Musik ist zu oft einfach Hintergrundberieselung ohne Aussage, einfach zu dem Zweck, damit viel Geld zu verdienen. Das nutzen viele Künstler aus.“*
Seine kritische Abgrenzung, weg vom Kommerz und hin zur Nachfrage, was die Musik und ihre Botschaft – und damit das Leben für den einzelnen überhaupt – bedeuten soll, lässt sich auch als Nachfrage an die Geschichte der Botschaft in der Kirchenmusik verstehen.
„Ich glaube fest daran, dass man mit Musik Menschen bewegen und damit auch verändern kann. Es gibt Songs, die ein Lebensgefühl beschreiben, eine Hymne zum Leben sind.“

Alle geistliche Musik geht von den christlichen Gottesdiensten aus, selbst dort, wo dies heute nicht mehr erkennbar ist. Ob Messen oder Motetten, Vespern oder Requien – fast immer steht im Hintergrund dieser Gattungen die liturgische Feier der unterschiedlichen Zusammenkünfte der christlichen Gemeinde. Und selbst dort, wo heute mit den Abläufen des Gottesdienstes experimentiert wird – z. B. in Jugendgottesdiensten –, lässt sich deutlich erkennen, dass es ein Spannungsgefüge zwischen dem Eingang und dem Ausgang einer gottesdienstlichen Feier gibt, welche stets versucht, sich im Inhalt christlicher Verkündigung, dem sogenannten „Mysterium“ zu nähern.
Grob unterschieden gliedern sich die bereits im Mittelalter entstandenen Formen in die Messe und in die verschiedenen Stundengebete. Jede hat ihren eigenen Ablauf. Zu den Stundengebeten gehört u. a. die für die Kompositionsgeschichte wichtige Vesper (s. Monteverdi, Schütz, Mozart) mit ihrem Magnificat (Meine Seele erhebt den Herrn, Lukas 1, 46 ff.).

Im Folgenden wird die Messe besprochen, die sowohl für die römisch-katholische wie für die evangelische Gemeinde im Vordergrund steht und deswegen auch musikalisch eine besondere Bedeutung erlangt hat. Auf die eigenen gottesdienstlichen Formen der griechisch- und russisch-orthodoxen Kirchen kann nicht eingegangen werden.

Die Messe gliedert sich in fünf lateinisch benannte Hauptstücke (Ordinariumsteile), die in jeder Feier wiederkehren – bis auf das Gloria, welches in der Advent- und Fastenzeit sowie an Buß- und Bitttagen nicht gebetet wird:

1. Kyrie eleison – Christe eleison – Kyrie eleison (Herr, erbarme dich – Christe, erbarme dich – Herr, erbarme dich)
2. Gloria in excelsis Deo (Ehre sei Gott in der Höhe)
3. Credo in unum Deum (Ich glaube an den einen Gott)
4. Sanctus – Benedictus (Heilig – Gelobt sei, der da kommt)
5. Agnus Dei – Dona nobis pacem (Lamm Gottes – Gib uns Frieden)

Diese fünf Hauptstücke werden durch die sich ändernden Teile des jeweiligen Sonntags unterbrochen – die Proprium-Stücke. Dazu gehören neben der Predigt, den Lesungen und Gebeten zwei musikalisch immer wieder genutzte Teile:

- der Introitus (die alttestamentliche Psalmlesung)
- die Lieder.

Friedrich Kalb über Martin Luthers Gottesdienstauffassung :

„Seine Schrift ‚Von Ordnung Gottesdiensts‘ enthält noch keine ausgeführte Gottesdienstordnung, aber einige wichtige grundsätzliche Feststellungen (die Verkündigung des Wortes Gottes muß ‚im Schwang gehen‘; die Messe im allgemeinen nur am Sonntag, werktags Mette und Vesper; Verwerfung aller ‚unchristlichen Fabeln‘).
Die ‚Formula Missae‘ ist eine an der Messe ausgerichtete lateinische Gottesdienstordnung. (Sie setzt das Vorhandensein eines gregorianisch singenden Chores voraus. Luther wagte sich an das Problem der Verdeutschung der gregorianisch gesungenen liturgischen Texte erst drei Jahre später heran.) Alle Stücke, die als Ausdruck des Meßopferkultus der evangelischen Abendmahlslehre widerstreiten (Offertorium, Canon missae), wurden getilgt. Die Predigt soll wieder fester Bestandteil der Messe sein. Ansonsten wurde an der Struktur der Messe wenig geändert.
Anders ist das in der ‚Deutschen Messe‘, welche die ‚Mindestgestalt einer verkürzten und gereinigten deutschen Messe darstellt‘ (W. Nagel, Geschichte des christlichen Gottesdienstes, S. 118). Durch sie sollte die Formula Missae keineswegs außer Kraft gesetzt werden. Luther hatte zusammen mit dem Torgauer ‚componista‘ und Kapellsänger Johann Walter die musikalische Form der deutschen Texte mit großer Sorgfalt ausgearbeitet. Ihm lag jetzt besonders daran, das inzwischen entstandene evangelische Gemeindelied in die Liturgie einzubeziehen. Die Ordnung selbst folgt eigentlich nur noch im Wortteil der Meßform; im Sakramentsteil beschränkt sich Luther auf die Einsetzungsworte und die Austeilung, beides eng ineinander verklammert, und auf zur Austeilung gesungene Abendmahlslieder. Im Vorwort zur ‚Deutschen Messe‘ sprach Luther den Wunsch nach einer noch mehr vereinfachten, auf Wort und Sakrament, Gebet und Opfergabe konzentrierten Gottesdienstordnung aus für die, ‚so mit Ernst Christen sein wollen‘. Durchgesetzt haben sich in den lutherischen Gemeinden Gottesdienstordnungen, die etwa auf der mittleren Linie zwischen ‚Formula Missae‘ und ‚Deutscher Messe‘ liegen. Die lateinische Sprache wurde nur noch bei den überlieferten musikalischen Stücken beibehalten, die Abendmahlsliturgie dagegen doch wieder mit Gebeten und Hymnen (Präfation, Sanctus, Agnus Dei) in reicherer Form gehalten. Eine auch nur annähernde Einheitlichkeit der Liturgien wurde nicht erreicht.“

✔ Besuchen Sie Internetseiten zum Thema „Gottesdienst“. Vergleichen Sie dabei die hier vorgestellte Form der Messe beispielsweise mit „Gottime“, dem Gottesdienst einer evangelischen Jugendgruppe. (www.gottime.de)

✔ Vergleichen Sie die verschiedenen gottesdienstlichen Ausprägungen in der evangelischen und in der katholischen Messe und fassen Sie aus dem nebenstehenden Text die Bestimmung des evangelischen Gottesdienstes zusammen.

Die nachfolgende Übersicht gibt einen Eindruck von der klaren Gliederung des Gottesdienstes und seiner Möglichkeit, für den jeweiligen Sonntag eigene Akzente gemäß dem Kirchenjahr zu setzen. Dabei übernimmt der Chor (u. U. zusammen mit Solisten) durchaus Teile dessen, was an sich für die Gemeinde gedacht war. Die für die Komponisten aller Zeiten interessantesten Teile des Gottesdienstes sind verzeichnet.

Gemeinde	Chor	Lektor	Liturg (Zelebrant)
Eingangslied			
	Introitus		
Kyrie			
Gloria			Salutatio
Salutatio Amen			Salutatio
Collecte			
		Epistel	
Halleluja	Halleluja Halleluja-Vers		
Hauptlied	Hauptlied		
		Evangelium	
Credo			
			Predigt
Predigtlied			
	Offertorium		
		Fürbitten	
Dialog			Dialog: Vere dignum
Sanctus und Benedictus			
			(Oratio Dominica) (Vaterunser)
			Verba testamenti (Einsetzungsworte)
			(Pax)
Agnus Dei			
	Communio		
			Postcommunio
Benedicamus bzw. Ite		Benedicamus bzw. Ite	
			Segen

✔ Stellen Sie die Abfolge eines ganzen Gottesdienstes für einen von Ihnen selbst gewählten Gottesdienst mit Lesungen und Gesängen zusammen.

✔ Achten Sie darauf, dass die fünf Hauptstücke (Ordinariumsteile) von der Gemeinde gesungen werden.

✔ Besuchen Sie (soweit dies möglich ist) einen evangelisch-lutherischen, einen reformierten und einen katholischen Gottesdienst und vergleichen Sie die Abläufe mit dem hier notierten Modell sowie in den musikalischen Teilen untereinander.

✔ Führen Sie ein Gespräch mit dem Pfarrer oder dem Liturgen, in dem es um die Frage geht, welche Bedeutung für ihn die Liturgie einnimmt.

Wie unterschiedlich jedoch im Laufe der Jahrhunderte die Ordinariumsteile aufgefasst wurden, kann an einem Vergleich dreier Kyrie erkannt werden: Der *Missa Papae Marcelli* von Giovanni Pierluigi da Palestrina, der *Messe e-Moll* von Anton Bruckner und der *Messe für Bläser und Chor* von Igor Strawinsky.
Den Ausgangspunkt jedoch bildet das gregorianische Kyrie aus der *Missa de Angelis,* einer Neuvertonung aus dem 15. Jahrhundert, das einen Eindruck davon geben kann, wie vor der Reformation das erste Ordinariumsstück geklungen hat. II, 7

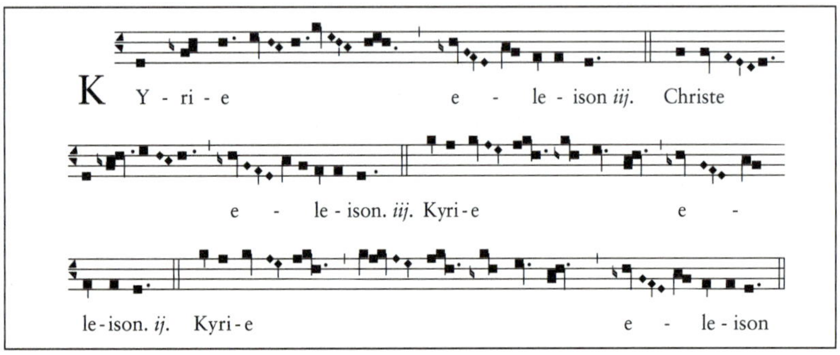

Kyrie aus der *Missa de Angelis*

Kyrie aus der *Missa L'homme armé* von Palestrina in zeitgenössischer Satzweise

Palestrina

Die Kompositionstechnik Palestrinas wurde zum Vorbild der mehrstimmigen katholischen Kirchenmusik bis ins 20. Jahrhundert hinein und ist zugleich ein wichtiges Kapitel im Studium des Kontrapunktes. Gerade wegen seiner strengen Gesetzmäßigkeit in der Führung der einzelnen Stimmen, aber auch wegen der Notwendigkeit, die einzelnen Textabschnitte für den Hörer besser wahrnehmbar zu machen, hat sich der sog. „Palestrina-Stil" herausgebildet.
Die meisten dieser Regeln beziehen sich auf die behutsame Behandlung von Dissonanzen, denn die Konsonanz des Dreiklangs ist ein wesentliches Stilmerkmal bei Palestrina. Zur Ästhetik dieser Musik gehört auch der volle Chorklang, den der Komponist durch die Teilung einzelner Stimmgruppen erreicht. In der *Missa Papae Marcelli* werden jeweils der Bass und der Tenor in zwei Gruppen unterteilt, wodurch mit den beiden hohen Stimmen (Altus und Cantus) ein sechsstimmiger Chorklang entsteht.

✔ Arbeiten Sie im Vergleich der im Folgenden besprochenen drei Kyrie-Vertonungen die Gemeinsamkeiten und die historischen Besonderheiten der einzelnen Werke heraus. Berücksichtigen Sie dabei stets den Text, der den Eingang der Liturgie bildet und die Anrufung Gottes (*„Herr, erbarme dich"*) in den Mittelpunkt stellt.

✔ Beschreiben Sie die Wirkung des einstimmigen Gesangs.

✔ Zeichnen Sie die Schwerpunkte des melodischen Verlaufs in die Noten ein.

Agostino Agazarri: Aus der Generalbaßschule
***Del sonare sopra il basso con tutti gli stromenti e del loro uso nel conserto* (1607)**

„Ich muß sagen, seit man in jüngster Zeit den wahren Stil entdeckt hat, um die Worte auszudrücken, nämlich in der Imitation der Rede selbst, was am besten mit einer Stimme allein, oder mit zweien geht, wie in den modernen Arie fähiger Leute, und was nun auch in Rom häufig praktiziert wird in der Musica concertata, ist es nicht länger notwendig eine Partitura oder Lautentabulatur zu erstellen, wie oben gesagt, es genügt ein Baß mit Ziffern. Wenn aber jemand sagt, ein solcher Baß genügt nicht, um die alten Werke zu spielen, die so viele Imitationen enthalten, habe ich zu antworten, daß diese Musik wegen des Durcheinander in den Worten, das von den langen und komplizierten Imitationen kommt, nicht länger in Gebrauch ist. Sie hat keine Eleganz. Wenn nämlich alle Stimmen singen, kann man weder Aufbau noch Sinn erkennen, da sie sich überlappen und von den Imitationen verdeckt werden.
In der Tat hat jede Stimme zu jeder Zeit unterschiedliche Worte, was allen Leuten mit Kompetenz und Urteil mißfällt. Deshalb wäre die Musik beinahe aus der Heiligen Kirche verbannt worden, hätte nicht Giovanni Palestrina ein Heilmittel gefunden, mit dem er zeigen konnte, daß der Fehler und Irrtum nicht in der Musik, sondern bei den Komponisten liege. Zur Bestätigung schuf er eine Messe mit dem Titel Missa Papae Marcelli.*"*

Im Gegensatz zu vielen anderen Werken des italienischen Meisters, in denen die Stimmen eng miteinander verwoben sind, gibt es in dieser Messe einen ausgeprägten Wechsel zwischen polyphonen und homophonen Abschnitten. In textarmen Bestandteilen des Messordinariums herrscht die polyphone und kontrapunktisch anspruchsvollere Schreibweise vor. Somit ist auch das Kyrie durchweg polyphon gestaltet. Es erinnert an einen Kanon, jede Stimme setzt mit einem gleichen Motiv ein – in der Renaissancemusik Soggetto genannt. II, 8

1554 veröffentlichte Palestrina sein erstes Messenbuch, das er auf dieser Abbildung Papst Julius III. überreicht.

Durch die vollkommene Beherrschung der polyphonen Satztechnik erreichte Palestrina den Höhepunkt in der Komposition der franko-flämischen Schule. Seine Musik wirkte auf die Musikergenerationen der folgenden Jahrhunderte und wurde durch Lehrbücher wie *Gradus ad Parnassum* (1725) vermittelt, das einen Dialog zwischen Palestrina und dem 66 Jahre nach dessen Tod geborenen Autor Johann Joseph Fux darstellt. Auch Beethoven hat mit diesem Buch den Kontrapunkt Palestrinas studiert. Im 19. Jahrhundert gab es ein verstärktes Interesse an Palestrina, den man aufgrund seiner Rolle beim Tridentiner Konzil als „Retter der Kirchenmusik“ bezeichnet hatte. Es entstanden schließlich Legenden um den Komponisten: Die Kardinäle des Konzils hätten eine Messe bei Palestrina in Auftrag gegeben und erst aufgrund seiner genialen Verbindung von Wort und Musik die Figuralmusik in der Liturgie des Gottesdienstes zugelassen. Palestrina habe diese Messe in einer einzigen Nacht komponiert, wobei Engel ihm diktiert hätten, hieß es. 1917 stellte der Komponist Hans Pfitzner, von solchen Legenden angeregt, Palestrina in den Mittelpunkt seiner gleichnamigen Oper.

Soggetto: Nach Zarlino (1558): *„diejenige Stimme, auf Grund welcher der Komponist die Erfindung für die Gestaltung der anderen Stimmen der Komposition gewinnt.“*

Missa Papae Marcelli, Kyrie

Giovanni Pierluigi da Palestrina

✔ Informieren Sie sich über das Tridentiner Konzil und seine musik- und religionsgeschichtliche Bedeutung.

✔ Welche Bedingungen musste die Musik zur Zeit des Tridentiner Konzils erfüllen, um als Kirchenmusik anerkannt zu werden?

✔ Hören Sie sich in einem ersten Schritt jedes einzelne Kyrie an und machen sich Notizen zum Ausdrucksgehalt der Stücke.

✔ Beschreiben Sie das Thema des 1. Kyrie zunächst nur vom Höreindruck und versuchen Sie anschließend die Intervallkonstellation zu skizzieren.

✔ Überlegen Sie, was den Komponisten dazu bewegt hat, den jeweiligen Gestus zu wählen. Ziehen Sie hierzu auch zeitgeschichtliche Informationen heran.

Anton Bruckner
(1824–1896)

Anton Bruckner: Kyrie aus der *Messe e-Moll*

Der 1824 geborene Komponist Anton Bruckner komponierte als Domorganist in Linz im Alter von 42 Jahren die *Messe e-Moll* für die Einweihung der Votivkapelle des neuen Linzer Doms. Die Uraufführung aber konnte wegen Bauarbeiten am Dom erst 1869 stattfinden. Allerdings war die Komposition nicht als „Freiluftmesse“ gedacht. Sie nimmt den Gedanken einer an Palestrina orientierten Polyphonie wieder auf.

Der Musikwissenschaftler Wolfgang Dömling führt dazu näher aus:

„... Zu diesem quasi-symphonischen Stil steht die verhaltene a-cappella-Polyphonie der e-moll-Messe *und der Motetten nur scheinbar in äußerstem Kontrast. Glaubt man sich etwa beim Kyrie oder Sanctus an Palestrinas Messen gemahnt, so liegt hier doch keineswegs eine Kopie des Palestrinastils vor, wie sie dann wenig später von den Komponisten des sogenannten Cäcilianismus (Wirt, Haberl u. a.) angestrebt wurde, jener katholischen kirchenmusikalischen Reformbewegung, die bis in unser Jahrhundert hinein eine Unzahl gleichförmig-mittelmäßiger Motetten hervorgebracht hat. Palestrinas satztechnische Hauptmerkmale, die durchgängige Imitation und die streng geregelte Dissonanzbehandlung, fehlen bei Bruckner weitgehend. Was die Zeitgenossen in dieser Musik an Palestrina erinnern mochte, war vielmehr die ähnliche Wirkung: ein unakzentuiertes, dichte polyphone Gewebe bildendes Schweben der Stimmen in ruhigem Auf und Ab. Bruckner knüpft nicht nur an die römischen und venezianischen Meister um 1600 an, er schließt auch die moderne Harmonik keineswegs aus: Es gelingt ihm so, den Geist der alten Musik in lebendiger Verschmelzung mit den Mitteln des 19. Jahrhunderts wieder erstehen zu lassen.“*

Kyrie II, 9 Anton Bruckner

✔ Beschreiben Sie Ihre Erwartungen an eine Komposition Bruckners und vergleichen Sie diese anschließend mit dem Höreindruck.

✔ Untersuchen Sie unter dem von Dömling angesprochenen Gesichtspunkt der Dissonanzbehandlung bei Bruckner die Frage, ob sie sich substanziell von der Palestrinas unterscheidet.

✔ Informieren Sie sich über den sog. Cäcilianismus. Diskutieren Sie die Frage, inwieweit sich Bruckner zu Recht in der Tradition Palestrinas fühlen kann.

✔ Lässt sich Bruckners Kirchenmusik mit seinem sinfonischen Arbeiten vergleichen? Ziehen Sie zur Beantwortung den 1. Satz seiner 7. Sinfonie heran.

Bruckner wird 1840/41 als Lehrer ausgebildet und arbeitet in diesem Beruf bis 1856. Zunächst gleichzeitig Stiftsorganist in Linz wird er 1856 zum Domorganisten berufen. Zugleich ermöglicht ihm der Bischof von Linz ein Musikstudium in Wien, das sowohl die Fächer Orgel als auch Musiktheorie und Komposition umfasst. In der ersten Hälfte der 60er-Jahre hört Bruckner zahlreiche „moderne" Kompositionen, besonders aber die der sogenannten „Neudeutschen Schule", also Liszt, Wagner und andere. Dies verändert seinen Kompositionsstil nachhaltig; er entwickelt besonders in seinen Sinfonien einen unverwechselbaren Personalstil. 1868 wird Bruckner Nachfolger seines Lehrers Simon Sechter am Wiener Konservatorium und gleichzeitig Hoforganist. Er stirbt am 11. Oktober 1896. Seine kompositorische Leistung wird erst nach seinem Tod wirklich gewürdigt. Bruckners musikalische Bedeutung liegt im Wesentlichen in seinem sinfonischen Schaffen; seine neun Sinfonien stellen neben den vier Sinfonien von Johannes Brahms das Zentrum für diese Gattung im 19. Jahrhundert dar. Seine Messen e-Moll – ein Werk für Chor und Instrumente ohne Solisten – und f-Moll wurden allerdings nicht nur für die katholische Kirchenmusik in der Nachfolge wegweisend.

Neben den großen Gattungen hat Bruckner in seinen Ämtern als Organist und Lehrer aber auch zahlreiche a-cappella Motetten für den liturgischen Gebrauch komponiert. Diese sind oft nur vierstimmig, befassen sich mit den Kernaussagen des christlichen Glaubens und sind bewusst für den Einsatz in der Messe gedacht, was bereits an Titeln wie *Graduale* deutlich wird.

Christe eleison II, 10 — Anton Bruckner

✔ Vergleichen Sie die Thematik zwischen dem Kyrie und dem Christe: Inwieweit verändert sich die Struktur des Satzes?

✔ Zeigen Sie auf, welche Stimmen jeweils miteinander korrespondieren. Entwickeln Sie dazu ein Verlaufsschema der Stimmen als grafische Partitur.

Igor Strawinsky (1882–1971)

Harmoniemusik: Blasorchester mit gemischter Besetzung aus Holz- und Blechblasinstrumenten. Besetzung entstand im 18. Jh. (u. a. durch Händel). Entscheidende Impulse kamen durch Mozart und Beethoven. Im 20. Jahrhundert verwendeten Strawinsky, Hindemith und Schönberg diese Besetzung.

Igor Strawinsky: Kyrie aus der *Messe für Bläser und Chor*

Strawinsky komponierte die Messe in den Jahren 1944–1948 ohne konkreten Auftrag. Sein Ziel war es, sich zu seinem Glauben und zur Musiktradition des 16. Jahrhunderts zu bekennen – ganz im Gegensatz zu vielen Messkompositionen gerade des 20. Jahrhunderts. Obwohl Strawinsky selbst der russisch-orthodoxen Kirche angehörte, komponierte er eine lateinische Messe, um auf Instrumente nicht verzichten zu müssen, die in orthodoxen Kirchen nicht erlaubt sind. Die Uraufführung des Werkes fand im Oktober 1948 in der Mailänder Scala statt. Dennoch ist die Messe für den liturgischen Gebrauch konzipiert, wobei die Chöre oft zu syllabisch-deklamierenden Blöcken zusammengefasst und den Bläsern gegenübergestellt werden.

Vom Stil her ist diese Messe für vierstimmigen Chor, zwei Oboen, Englischhorn, zwei Fagotte, zwei Trompeten und drei Posaunen als sogenannten „Harmoniemesse“ zu bezeichnen. Trotz des stilistischen Rückbezugs ist eine Einbindung des gregorianischen *cantus firmus* nicht zu beobachten.

II, 11

Messe für Bläser und Chor: Kyrie eleison

Igor Strawinsky

✔ Beschreiben Sie Ihren ersten Höreindruck und vergleichen Sie Ihn aus der Erinnerung mit der Palestrina- und der Bruckner-Messe.

✔ Erarbeiten Sie sich den Anfang der Messe, indem Sie die Chorstimmen zunächst einzeln, später zusammen klopfend darzustellen versuchen. Führen Sie in einer Tabelle die rhythmischen „Pattern“ des Stückes auf.

✔ Fertigen Sie eine grafische Partitur an, indem Sie den Verlauf des Stückes und die unterschiedlichen Stimmen farbig darstellen.

✔ Warum greift Strawinsky nicht auf einen größeren Orchesterapparat zurück?

✔ Mit welchen musikalischen Mitteln versucht Strawinsky, einen liturgischen Bezug herzustellen?

✔ Vergleichen Sie Strawinskys Kyrie mit dem von Bruckner. Welche Parallelen lassen sich entdecken?

Parallelen zu Strawinskys Messen-Komposition finden sich in Paul Hindemiths *Messe für gemischten Chor a cappella* aus dem Jahre 1963 sowie in der *Glagolithischen Messe* (1923) von Leoš Janáček . II, 12/13

Der Musikwissenschaftler Thrasybulos Georgiades hat im Zusammenhang mit Strawinskys Messe auf einen einschneidenden Unterschied zwischen „Gebrauchsmusik" und „Kunstmusik" aufmerksam gemacht: *„Als Beispiel einer zeitgenössischen Messenvertonung soll uns die Messe von Strawinsky dienen. Sie ist freilich nicht das Werk eines Kirchenmusikers. Sie kommt nicht aus jener Tradition der Gebrauchsmesse, von der früher die Rede gewesen ist. Die Messe von Strawinsky ist aber das freie Werk eines Exponenten der heutigen Musik, das Werk einer überragenden Persönlichkeit, und gerade deswegen muss sie berücksichtigt werden. Denn wenn man nach der Vertonung der Messe im Bereich der heutigen Kunstmusik fragt, darf man nur solche Komponisten heranziehen, die die Geschicke des Komponierens entscheidend bestimmen."*

Paul Hindemith

Die gottesdienstliche Funktion der Messe wird damit aufgehoben zugunsten einer Idee, die an Traditionen anknüpft, ohne sich gleichzeitig an die ursprüngliche Funktion zu binden.

Wenn man auf die Geschichte des Messkompositionen zurückblickt, dann muss man feststellen, dass die stilistischen Veränderungen mit der Bedeutung des Christentums in der Gesellschaft einhergehen. Dieser kulturgeschichtliche Wandel bezieht musikalisch stets auch Stilfragen ein. Und so sehr es den Anschein hat, als bliebe die Gattung Messe erhalten, so sehr zeigt sich auch, dass sie in den Wandel einbezogen ist.

Messe für gemischten Chor a cappella

Paul Hindemith

✔ Beschreiben Sie mit eigenen Worten, wie sich die Funktion von Messkompositionen in den verschiedenen Jahrhunderten wandelt.

✔ Geben Sie Gründe für den Wandel an, indem Sie auf den kulturgeschichtlichen Wandel des Christentums in der Gesellschaft eingehen.

✔ Stellen Sie sich vor, Sie seien Kirchenmusiker und sollten mit Ihrem recht leistungsfähigen Chor ein Konzertprogramm zusammenstellen, das eine Messkomposition enthält. Begründen Sie aus Ihrer Kenntnis der drei Messen, welche Messe für Sie die gewichtigste Aussage hat.

✔ Vergleichen Sie den Anfang der Messe von Hindemith mit dem von Strawinsky. Lassen sich Bezüge herstellen?

Fra Angelico (1400–1455)
Die Verkündigung

„Und im sechsten Monat ward der Engel Gabriel gesandt von Gott in eine Stadt in Galiläa, die heißt Nazareth, zu einer Jungfrau, die vertrauet war einem Manne mit Namen Joseph, vom Hause David; und die Jungfrau hieß Maria. Und der Engel kam zu ihr hinein und sprach: Gegrüßet seist du, Holdselige! Der Herr ist mit dir, du Gebenedeite unter den Weibern! Da sie ihn aber sah, erschrak sie über seine Rede und gedachte: Welch ein Gruß ist das? Und der Engel sprach zu ihr: Fürchte dich nicht, Maria! du hast Gnade bei Gott gefunden. Siehe, du wirst schwanger werden und einen Sohn gebären, des Namen sollst Du Jesus heißen. Der wird groß sein und ein Sohn des Höchsten genannt werden; und Gott, der Herr, wird ihm den Stuhl seines Vaters David geben, und er wird ein König sein über das Haus Jakob ewiglich, und seines Königreichs wird kein Ende sein." (Lk. 1, 26–33)

Wenn es überhaupt eine besonders herausgehobene (Kirchen-) Jahreszeit gibt, die den christlichen Kirchen zugeordnet wird, dann ist das die Advents- und Weihnachtszeit. Sie ist für viele Menschen die einzige Phase innerhalb des Jahres, während der sie mit christlichen Bräuchen konfrontiert werden.
Ähnlich wie die Weihnachtszeit ist der Advent voll von Musik. Doch werden auf den Märkten der Städte, in Fernsehsendungen und auch in den Schulen fast ausschließlich Weihnachtslieder gesungen, die bereits von der Geburt des Jesuskindes ausgehen. Diese stilistische Egalisierung führte dazu, dass die Vielfalt und der Reiz der Musik dieser Zeit kaum wahrgenommen werden.
Während das Weihnachtsfest vielen auch in der biblischen Verankerung präsent ist – die Geschichte von Maria und Joseph, die nach Bethlehem ziehen, wo Maria das Jesuskind zur Welt bringt und in eine Krippe legt –, wird der davorliegende Advent fälschlicherweise als eine Vorwegnahme der Weihnachtszeit verstanden.
Im Gegenteil, die Kirchen haben die Adventszeit – mit ihr beginnt das Kirchenjahr im Gegensatz zum Kalenderjahr – stets als Rüstzeit auf Weihnachten verstanden, in der Buße geübt wird. Von daher entspricht das Violett als liturgische Farbe des Advent der der Passionszeit.

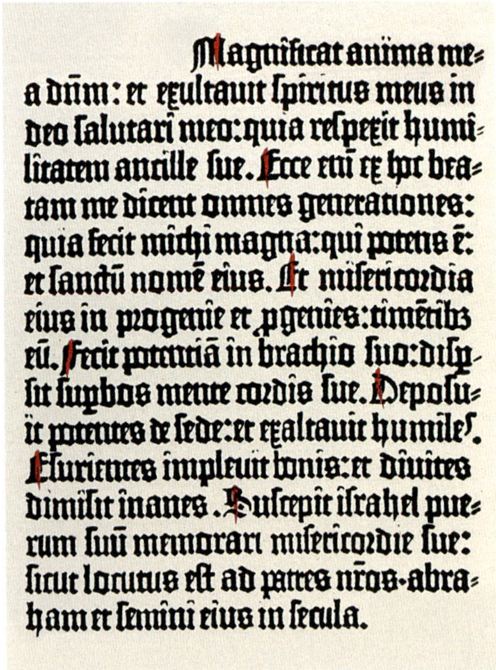
Magnificat anima me-
a dñm: et exultavit spiritus meus in
deo salutari meo: quia respexit humi-
litatem ancille sue. Ecce enim ex hoc bea-
tam me dicent omnes generationes:
quia fecit michi magna: qui potens est:
et sanctum nomen eius. Et misericordia
eius in progenie et progenies: timentibus
eum. Fecit potentiam in brachio suo: disp-
sit superbos mente cordis sui. Deposu-
it potentes de sede: et exaltavit humiles.
Esurientes implevit bonis: et divites
dimisit inanes. Suscepit israhel pue-
rum suum memorari misericordie sue:
sicut locutus est ad patres nostros abra-
ham et semini eius in secula.

Das Magnificat aus Luk. 1, 45b–55
(Gutenberg-Bibel, 1453)

Advent:
Adventus = Ankunft. Es handelt sich um die Vorbereitungszeit von vier Wochen vor Weihnachten, die mit dem 1. Advent beginnt. Die Adventszeit ist als Bußzeit zur Vorbereitung der Christen auf die Wiederkunft Christi gedacht.

Wenn man voraussetzt, dass es sich um eine Bußzeit handelt, die das Weihnachtsfest vorbereitet, dann versteht man auch, warum die Musik des Advent ausgesprochen ernst ist – Choräle wie *Mit Ernst, o Menschenkinder, Es kommt ein Schiff geladen* oder *Wie soll ich dich empfangen* (früher auf die Melodie *O Haupt voll Blut und Wunden* gesungen) belegen dies.

Interessant ist es, dass die Bildende Kunst insbesondere des ausgehenden Mittelalters die Frage der Buße weniger in den Vordergrund rückt, vielmehr bezieht sie sich direkt oder indirekt auf die Vorbereitung der Weihnachtsgeschichte, wie sie im Lukasevangelium (Kapitel 1 und 2) berichtet wird.

1. Die Ankündigung der Geburt Johannes des Täufers
2. Die Ankündigung der Geburt Jesu
3. Marias Besuch bei Elisabeth
4. Marias Lobgesang (Magnificat = Canticum Beatae Virginis)
5. Die Geburt Johannes des Täufers
6. Der Lobgesang des Zacharias (Benedictus)

Die beiden Lobgesänge drücken eine große Erwartung aus und wurden – besonders aber das Magnificat – in den zurückliegenden Jahrhunderten bis in die Gegenwart hinein häufig vertont, ebenso wie die Weihnachtsgeschichte nach Lukas von Schütz, über Bach, Saint-Saëns bis zu Orff, Distler und Pepping. Die im Magnificat ausgedrückte Erwartung beschränkt sich jedoch, liturgisch gesehen, nicht allein auf die Adventszeit. Vielmehr wird der Lobgesang der Maria in die Vesper, das abendliche Stundengebet, aufgenommen und zumindest in der klösterlichen Gottesdienstpraxis täglich gesungen. Und in den orthodoxen Gottesdienstordnungen wird das Magnificat im Morgen- bzw. im Nachtgebet gesungen.
Doch ist die Deutung des Advent als einer Zeit vor der Geburt nicht die einzig mögliche. Die Evangelisten, die auf mündliche Berichte angewiesen waren, bieten in ihren Büchern unterschiedliche Anfänge an: Markus und Johannes befassen sich gar nicht mit der Kindheit Jesu, sondern heben die Bedeutung Johannes des Täufers hervor; Matthäus sieht die Existenz Jesu in einem großen geschichtlichen Heilsplan Gottes, insofern verliert der Kindheitsbericht an Gewicht. Gerade das Auftreten Johannes des Täufers als Bußprediger bildet eine zweite wichtige Tradition.

Antiphon:
Rahmenvers bzw. Leitvers, umrahmt den Psalm

Magnificat (9. Psalmton)

Meine Seele erhebt den Herrn, und mein Geist freut sich Gottes, meines Heilandes; denn er hat die Niedrigkeit seiner Magd angesehen. Siehe, von nun an werden mich seligpreisen alle Kindeskinder.
Denn er hat große Dinge an mir getan, der da mächtig ist und dessen Name heilig ist.
Und seine Barmherzigkeit währt von Geschlecht zu Geschlecht bei denen, die ihn fürchten.
Er übt Gewalt mit seinem Arm und zerstreut, die hoffärtig sind in ihres Herzens Sinn.
Er stößt die Gewaltigen vom Thron und erhebt die Niedrigen.
Die Hungrigen füllt er mit Gütern und lässt die Reichen leer ausgehen.
Er gedenkt der Barmherzigkeit und hilft seinem Diener Israel auf, wie er geredet hat zu unsern Vätern, Abraham und seinen Kindern in Ewigkeit.

✔ Studieren Sie das einstimmige Magnificat dahingehend ein, dass Sie es in zwei Gruppen singen.

✔ Vergleichen Sie die Aussage des Magnificat mit der Verkündigung des Fra Angelico.

✔ Vergleichen Sie die textliche Intention der Antiphon mit der des Magnificat nach Lukas.

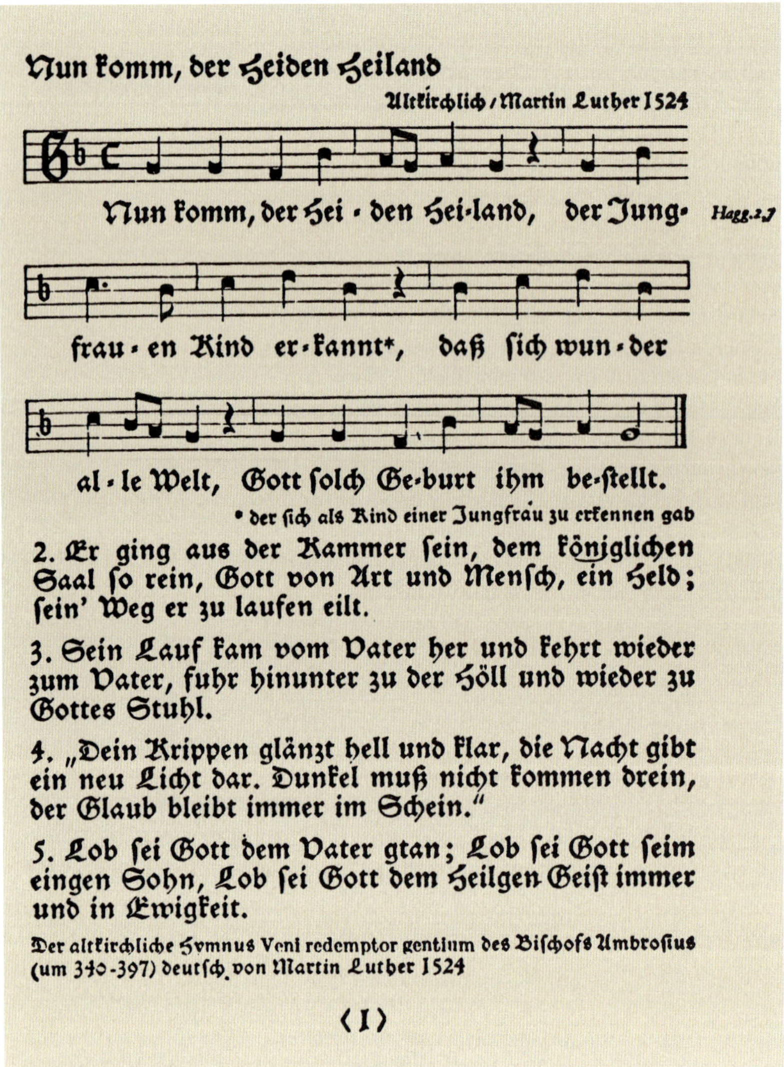

Choral: *Nun komm, der Heiden Heiland* (EKG 1, EG 3)

✔ Vergleichen Sie das ursprüngliche *Veni, redemptor gentium* des Bischofs Ambrosius mit der Fassung von Luther. Achten Sie dabei auch auf die Frage der rhythmischen Strukturierung.

Nun komm, der Heiden Heiland – Der Choral

Im Folgenden geht es um die Vertonung eines Adventschorals, der zu den frühesten Zeugnissen der geistlichen Musik gehört und die Komponisten wegen seiner strengen Melodie immer wieder zu Vertonungen angeregt hat. Der Choral nimmt nicht eine der neutestamentlichen Vorgaben in Luk. 1 auf, sondern vertritt eher eine grundsätzliche theologische Deutung der Zeit des Advent, indem er sich als vorweihnachtlich versteht, ohne auf Details der Weihnachtsgeschichte nach Lukas einzugehen. Die Geburt Jesu von Nazareth wird als die Gesundung der Welt von der Sünde verstanden. Der deutsche Text von Martin Luther (1524) basiert auf einer Umdichtung des lateinischen Hymnus *Veni, redemptor gentium*, eines Textes des Bischofs Ambrosius von Mailand aus dem 4. Jahrhundert.

Für das Verstehen der Verarbeitung des Chorals bei J. S. Bach wird die Textinterpretation von größter Bedeutung sein. Denn Bachs musikalische Arbeit stand grundsätzlich in einer sehr engen Verbindung zum Text, gleichgültig ob er einen schlichten Choralsatz, eine Kantate für Soli, Chor und Instrumente oder aber eine Choralbearbeitung für die Orgel schrieb. Bach steht mit seiner Arbeit als Interpret des Textes gerade in der Zeit des Barock nicht allein; gleichwohl lassen sich bei ihm dichteste Bezüge zwischen einer theologischen Textdeutung und der Bildlichkeit seiner musikalischen Sprache entdecken.
Um Bachs musikalische Sprache kennen zu lernen, empfiehlt es sich, zunächst die Art und Weise zu betrachten, wie er mit der Choralmelodie umgeht. Dabei fällt auf, dass Bach intensiv Dissonanzen – insbesondere auf unbetonten Zählzeiten – verwendet. Um die einzelnen Dissonanzanteile genauer zu bestimmen, sollte man die Harmonien in ihrer Fortschreitung genau analysieren. Man wird dann erkennen, dass die einzelnen Zielpunkte einem traditionellen Chorsatz entsprechen. Erst die Achtelbewegungen und die sogenannten Alterationen zeichnen die spezifische Bachsche Sprache aus. II, 14

Veni, redemptor gentium

Choral:
ursprünglich Sammelbegriff für einstimmige, lateinische, liturgische Gesänge der katholischen Kirche, später allgemein für a cappella-Gesang im Gottesdienst, seit dem 17. Jh. auch für mehrstimmige oder instrumental begleitete Gesänge verwendet; heute allgemein üblicher Begiff für Kirchenlied

Bachkantate BWV 61: *Nun komm, der Heiden Heiland*

Im thüringischen Weimar war Bach von 1708 bis 1714 zunächst als Hoforganist und Kammermusikus beschäftigt. In dieser Zeit komponierte er sehr viele breit angelegte Orgel- und Cembalowerke, die die beiden musikalischen Moden, den italienischen und den französischen Stil, aufnahmen.

Die Kantate zum 1. Advent, *Nun komm, der Heiden Heiland* (BWV 61), uraufgeführt im Dezember 1714, entsteht zu einem Zeitpunkt, als Bach in Weimar von Herzog Wilhelm Ernst zum Konzertmeister ernannt wird. Damit verbunden ist die Aufgabe, monatlich eine Kantate zu schreiben. Kirchenkantaten waren eng an die Predigt und an die Lesungen des Sonntags gebunden. Um 1714 verändert sich auch Bachs Konzeption der Gattung Kantate: Anstelle des Bibelwortes tritt stärker die Dichtung, die sich nicht nur in den Arien, sondern auch in den Rezitativen niederschlägt. Dadurch ergab sich die Möglichkeit, das bereits bekannte Bibelwort sowohl durch den neu gedichteten Text als auch durch die Musik auszulegen.

Die Kantate *Nun komm, der Heiden Heiland* gehört zum ersten Kantatenjahrgang, den Bach anlegte. Die Textdichter solcher Kantatenzyklen schrieben oft Kantatentexte für ein ganzes Kirchenjahr fortlaufend. Allerdings komponierte Bach selten den Jahrgang eines Dichters vollständig.

Nun komm der Heiden Heiland besteht aus sechs Sätzen, der Text stammt von Erdmann Neumeister, einem orthodoxen Oberhofprediger, Consistorialrat und Superintendenten zu Sorau, der 1715 als Hauptpastor an die Jacobi-Kirche nach Hamburg ging. Neumeisters *Geistliche Cantaten statt einer Kirchen-Music* (man beachte die Provokation im Titel!) entstanden zwischen 1700 und 1716 und bilden die Grundlage für zahlreiche Kantatenkompositionen Bachs. Für Neumeister, der stark von der italienisch orientierten Weißenfelser Oper beeinflusst war, wurden Rezitativ und Arie zu den tragenden Elementen seiner geistlichen Kantatentexte, die auch von Erlebach, Telemann und Krieger vertont wurden. Im vorliegenden Fall übernimmt Bach den Text Neumeisters, der interessanterweise als Schluss nicht eine Strophe des Eingangschorals *Nun komm, der Heiden Heiland* aufgreift, sondern den Abgesang des Liedes *Wie schön leuchtet der Morgenstern* (*Amen, Amen, komm du schöne Freudenkrone*).

II, 15

Kantate:
im 17. und bis ins 18. Jahrhundert wichtigste Gattung des italienischen Sologesangs außerhalb der Oper; Sammelbezeichnung für weltliche wie geistliche Vokalmusik mit Instrumenten, in der Zusammenstellung von Rezitativen, Arien, Duetten, Chorsätzen usw.

Nun komm, der Heiden Heiland Johann Sebastian Bach

Ausschnitt aus Bachs Partiturhandschrift BWV 61

✔ Schreiten Sie während des Hörens durch den Raum und erspüren Sie, an welcher Stelle sich Ihre Bewegung ändern muss.

✔ Versuchen Sie, auf Grund eines zweiten Hörens die Verarbeitung der Melodie *Nun komm, der Heiden Heiland* zu skizzieren. Achten Sie in diesem Zusammenhang nicht ausschließlich auf die Chor-, sondern auch auf die Orchesterstimmen.

✔ Wie werden die Orchesterinstrumente im B-Teil verwendet?

Zeitgenössische Kantatenaufführung, 1732

Die Kantate vermittelt verschiedene Ebenen:

- Eingangschor, allgemeiner Ruf: *Nun komm, der Heiden Heiland*,
- Rezitativ (Tenor): *Der Heiland ist gekommen* als Bericht,
- Arie (Tenor): *Komm, Jesu, komm* als Bitte der Gemeinde um die Gegenwart Christi,
- Rezitativ (Bass): *Siehe, ich stehe vor der Tür* als Antwort der Vox Christi,
- Arie (Sopran): *Öffne dich, mein ganzes Herze* und
- Schlusschoral: *Amen* als Antwort der von Christus erleuchteten Seele.

Entsprechend der textlichen Vorgabe sind die Tonarten in dieser Kantate konzipiert:
a-Moll (Tonart des Chorals)
C-Dur (Tonart der Gemeinde)
G-Dur (Tonart der erleuchteten Seele).

Die Kantate nimmt im Kopfsatz das Adventslied *Nun komm, der Heiden Heiland* auf und verarbeitet es in sehr eigenständiger Weise. Die dreiteilige Gliederung des Kopfsatzes (Ouvertüre) ergibt sich beim Hören. Nach der sehr knappen dreitaktigen Einleitung wird der Choral vom Chor in den einzelnen Stimmen vorgestellt (A-Teil), ab Takt 33 *(des sich wundert alle Welt)* wechselt die Taktart vom Zweihalbe- zu einem Dreiviertel-Takt, zugleich beginnt damit eine Fuge (B-Teil), die mit einem viertaktigen Schluss endet, der dem Gestus des A-Teils unter Verzicht auf den Choral entspricht, ohne allerdings seine Länge einzunehmen. Dieser Aufbau entspricht dem Formtypus der französischen Ouvertüre (langsam – schnell (Fuge) – langsam), die die Funktion hatte, den Einzug des Königs zu untermalen.

Damit aber entwickelt Bach einen neuen Kantatentypus, der sich sehr stark auf ein weltliches Modell bezieht, in diesem Fall den Einleitungssatz einer Suite, auf den weitere Tanzsätze folgen. Besonders die Arien *Komm, Jesu, komm* (Nr. 3) und *Öffne dich, mein ganzes Herze* (Nr. 5) verdeutlichen die Verschmelzung stilistischer Ebenen. Insofern entspricht die musikalische Struktur der textlichen Konzeption von Neumeister. Die Gattungsbezeichnung, die Bach für die Kantate wählt, lautet nicht – wie zu erwarten – „Cantata", sondern „Concerto". Sie trifft den neuen Stil besser als der heute eingebürgerte Begriff Kantate, von dem Mattheson sagt, er sei ein *„aus vielerley Schreibarten zusammen gestoppeltes Wesen"*.

✔ Begründen Sie die kompositorische Entscheidung Bachs, den Typus einer französischen Ouverture für eine Kantate zum 1. Advent zu wählen. Beziehen Sie dafür das Rhythmusmodell der frz. Ouvertüre ein.

✔ Stellen Sie in diesem Zusammenhang auch Überlegungen zum Verhältnis von weltlicher Form und geistlichen Komposition an.

✔ Suchen Sie in einem Gesangbuch den Choral *Wie schön leuchtet der Morgenstern* und begründen Sie, warum Neumeister bzw. Bach gerade diesen Schluss für die Adventskantate Nr. 61 gewählt haben.

Französische Ouvertüre – Rhythmusmodell

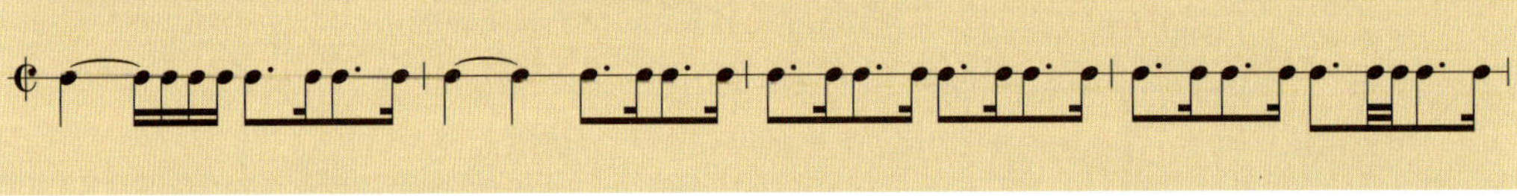

Nun komm, der Heiden Heiland – als Choralvorspiel für Orgel

Für die Orgel hat Bach vier Choralvorspiele über *Nun komm, der Heiden Heiland* geschrieben. Im Gegensatz zur späteren Verwendung als Konzertinstrument (z. B. bei Liszt) hat die Orgel zu Bachs Zeiten eine fast ausschließlich gottesdienstliche Einbindung. Auf der Orgel wurde nicht nur die Intonation für die Choräle gespielt, sondern auch über die Choraldichtungen meditiert. Bach hat den Choral in ganz unterschiedlicher Weise bearbeitet. In der sog. *Leipziger Originalhandschrift*, die insgesamt 17 Choralvorspiele umfasst, finden sich drei Bearbeitungen, deren bekannteste die erste (BWV 659) ist. II, 16

Wie auch für die anderen Choräle dieser Sammlung gibt es eine Frühfassung, die zwischen 1708 und 1717 in Weimar entstanden ist, dann aber noch einmal in den letzten Lebensjahren überarbeitet wurde. Es wird berichtet, dass Bach in seinen letzten Tagen als Erblindeter an einzelnen Stücken gearbeitet haben soll. Man geht deswegen davon aus, dass diese Überarbeitungen stilistisch vervollkommnet werden sollten, um so etwas wie eine endgültige Bedeutung zu erlangen. Das Grundkonzept blieb jedoch erhalten. Dadurch, dass die Orgel meist über verschiedene Werke verfügt, die auf unterschiedlichen Klaviaturen gespielt werden, kann auch der Klang entsprechend modifiziert werden.

Im Fall der Choralbearbeitung *Nun komm, der Heiden Heiland* hat Bach vorgeschrieben, dass das obere System (der Sopran) mit der rechten, das mittlere (Alt und Tenor) mit der linken Hand und die Bassstimme mit den Füßen gespielt werden sollen (*à 2 Claviers et pédale*). Die im Sopran liegende Melodiestimme (cantus firmus) wird dementsprechend durch eine besondere Registerwahl hervorgehoben, ein Prinzip, das seit dem 16. Jahrhundert üblich war. Die Selbständigkeit der einzelnen Stimmen entspricht der Polyphonie, wie sie bis in die Mitte des 18. Jahrhunderts von den Komponisten selbstverständlich verwendet wurde und sich selbst in Mozarts und Beethovens Spätwerk wiederfindet.

Die Melodie der Oberstimme bezeichnet man als koloriert, weil sie die ursprüngliche Choralmelodie ausziert. Die Kolorierungstechnik entstammt der norddeutschen Orgelschule des 17. Jahrhunderts (hier insbesondere gepflegt von den Komponisten Scheidemann, Buxtehude und Böhm), entspricht aber kaum noch dem damaligen Zeitgeschmack. Es hat den Anschein, als strebe Bach den Beweis an, dass die überlieferte Musik noch eine ästhetische Bedeutung haben könnte. Seine Gegner warfen ihm vor, seine Musik sei zu „schwülstig" – nicht zuletzt wegen der intensiven Auszierungstechnik, wie wir es in diesem wie in anderen Choralvorspielen der Leipziger Originalhandschrift finden.

Doch nicht nur die Kolorierung, auch die Behandlung der Mittelstimmen wird aus der Tradition übernommen; sie haben keine ausschließlich begleitende Funktion, sondern sind besonders kunstvoll konzipiert, indem sie in fugaler Manier die jeweilige Choralzeile aufgreifen. Diese Technik der Vorimitation stammt ebenfalls aus der bereits erwähnten norddeutschen Orgelschule.

Der in Achteln durchlaufende Bass verwendet kein thematisches Material, sondern durchschreitet den Tonraum, ein Prinzip, dass man in zahlreichen italienischen Sonaten – und hier besonders in Andante-Sätzen – wiederfindet. Dass Bach damit das Schreiten der Heiden andeuten will, liegt als Deutung nahe.

Bachs Streben – das kann man an der Kantate Nr. 61 ebenso beobachten wie an der Choralbearbeitung BWV 659 – geht stets dahin, die Grenzen der jeweiligen Gattung so auszuschöpfen, dass sie mehr ist als nur Gebrauchsmusik.

Johann Sebastian Bach (1685–1750)

Choralbearbeitung *Nun komm der Heiden Heiland* *à 2 Claviers et pédale*, BWV 659

Johann Sebastian Bach

✔ Hören Sie das Werk zunächst ganz und ohne Noten. Beschreiben Sie dann die musikalischen Elemente, an die Sie sich noch am besten erinnern können.

✔ Beschreiben Sie die Wirkung der verschiedenen Stimmen einschließlich der Bassstimme.

✔ Markieren Sie die Töne der Oberstimme, die aus dem Choral stammen.

✔ Suchen Sie in den übrigen Stimmen Motive heraus, die aus dem Choral stammen.

✔ In welchem Verhältnis stehen die Mittelstimmen zur Oberstimme?

✔ Vergleichen Sie die drei vorgestellten Zitate zunächst darauf, ob Sie Ihre persönliche Erfahrung mit diesem Werk wiedererkennen können.

✔ Beschreiben Sie, welche Intention die Autoren Schweitzer, Keller und Williams mit ihrer Interpretation des Choralvorspiels BWV 659 verfolgen.

Albert Schweitzer: J. S. Bach (1908):

„Im Vorspiel ‚Nun komm, der Heiden Heiland' … erscheint die arabeskenartige Auflösung der Melodie viel vollendeter und durchgeistigter. Es liegt wirklich erwartungsvolles Dahinträumen in diesem Stück."

Hermann Keller: Die Orgelwerke J. S. Bachs (1969):

„Die erste Bearbeitung, mit kolorierten cantus firmus verhüllt die alte Adventsmelodie in einem Rankenwerk, das sich weit über die Grenzen der Melodie hinausspinnt; dazu treten immer neue Imitationen der Begleitstimmen, die in geheimnisvoller Weise die Anfangsnoten des cantus firmus verflechten, und das alles zusammen ist von einer phantastischen Schönheit, der man nie ganz auf den Grund sieht. Die feierliche Verhüllung der Melodie ist hier Ausdruck des undurchdringlichen Geheimnisses der Menschwerdung des Gottessohnes."

Peter Williams: Johann Sebastian Bachs Orgelwerke (1998):

„Eine überreich figurierte Behandlung des cantus firmus gestaltet sich oft zur Flucht in die obere Oktavlage, doch die Ausweitung von Zeile 1 zu der weiten, melismatischen Melodie T. 5–8 folgt keiner vorgegebenen Formel. Die Melismen selbst entstehen besonders an jenen Punkten der Choralmelodie, die mit der vor- oder drittletzten Silbe korrespondieren, was in solchen Fällen keineswegs üblich ist … Dass die Melismen von BWV 659 trotz gelegentlicher Ähnlichkeit mit Melismen anderswo (z. B. Partita BWV 768, Var. 1) ein langsameres Tempo verlangen, ist teils dem Reichtum der Begleitung zuzuschreiben und teils der Schönheit und Intensität der Melodik, die einer Folge von mehreren konventionellen und unkonventionellen Figuren entspringt. … Ist es die Begleitung, die die Wirkung einer so noblen und gehobenen Choralvertonung hervorruft?"

Schlosskirche zu Weimar – die „Himmelsburg"

Bachs „geistiger Ort"

Häufig schrieb Bach unter seine Arbeiten: DSGl (= *Deo Soli Gloria* – Gott allein die Ehre) oder J.J. (= *Jesu juva* – Jesus hilf). Dies sind Hinweise darauf, dass sein kompositorisches Arbeiten unter dem Signum des christlichen Gottes steht. Diese religiöse Verankerung reicht weit über den konkreten Anlass einer sonntäglichen Kantatenvertonung hinaus. Seine Musik erscheint vielmehr als ein Bekenntnis, das sich in der Geschlossenheit eines ganzen Weltbildes spiegelt. Innerhalb dieses Weltbildes unterscheidet Bach aber weder Konfessionen noch Sphären wie „geistlich-weltlich". Alles dient zur Ehre des Schöpfers dieser Welt, Kompositionen, Bilder, Texte. Aus diesem Grunde unterschied er auch nicht zwischen der *„Gottes-Ehre"* und der *„Recreation des Gemüths"* bzw. der *„Gemüths-Ergötzung"*, seine Werke sind stets beides. Diese Doppelposition war bereits im 17. Jahrhundert formuliert worden, denn die *„Gemüths-Ergötzung"* selbst diente der *„seligen Aufmunterung"* zu Gott hin.

Konfessionelle Streitpunkte waren Bach im Gegensatz zum Parteienstreit zwischen den Orthodoxen und den Pietisten fremd. Dies muss deswegen erwähnt werden, weil der sächsisch-thüringische Raum im Wesentlichen protestantisch orientiert war. Bach in seiner Religiösität orientierte sich zwar an der lutherischen Orthodoxie, zugleich aber war er musikalisch offen für alle stilistischen Einfüsse – aus Italien, aus Frankreich, die jeweils katholisch waren, aber auch aus den reformierten Niederlanden oder aus dem lutherischen Norddeutschland. Diese Offenheit kann nur dann ihre Legitimation haben, wenn jedes künstlerische Element dem *Deo Soli Gloria* dient.

Mit Bach, mit dieser Auffassung endet die Epoche des Barock, es beginnt ein Denken, eine Musik beginnt, in der der Mensch im Mittelpunkt steht. Die Rückbindung oder der Endzweck werden – entsprechend der Philosophie der Aufklärung – neu verstanden.

Martin Geck:
Denn alles findet bei Bach statt:

„Indessen duldet es keinen Zweifel, daß Bachs Werkidee – sein Ingenium vorausgesetzt – insgesamt gesehen auf dem Boden lutherischer Frömmigkeit erwächst. Wer die Musik als ein in Christo erneuertes Schöpfungswerk betrachtet, das geschaffen ist, um die Herrlichkeit des Schöpfers zu loben, kann es als seinen Endzweck betrachten, immer tiefer in die Ordnungen dieser Schöpfung einzudringen und dadurch Gottes Lob immer mächtiger zu singen. Wer ferner mit Luther die Herstellung von Werken nicht als Belastung oder Entlastung, sondern aktiv als Beruf betrachtet, besitzt die Kraft, das musikalische Sachgesetz final zu erfüllen, anstatt wechselnden Anregungen von innen und außen kausal zu folgen. Wer endlich – getreu dem Paulus-Wort ‚Alles ist euer, ihr aber seid Christi' – die Welt gerade von seinem jeweiligen Platz aus zu erobern bereit ist, ohne sich um die Zukunft zu ängstigen, verfügt über die Freiheit, jeden beruflichen und damit kompositorischen Neuanfang in gleicher Weise als vorläufig und endgültig zu betrachten und dadurch in ungezwungenem Wechsel nach allen Richtungen tiefer in das Reich der Musik einzudringen."

Philipp Spitta: Johann Sebastian Bach (1873/1880):

Es ist auf den ersten Blick klar, daß sich für Bach und seine Zwecke gar kein günstigerer Ort denken ließ. Jede Kunstpflanze, mag sie in noch so fruchtbarem Erdreich stehen, bedarf doch Licht und Luft zu ihrer Entwicklung, und für die wahre Kirchenmusik waren jene Elemente damals äußerst schwer zu finden, besonders an Höfen, die doch vorzugsweise die Mittel zum Gedeihen der Kunst darbieten konnten. Wirkliches Interesse für Religion zeigte sich fast nur in Gestalt des kunstfeindlichen Pietismus, im übrigen verbarg sich hinter den kirchlichen Formen meistens die religiöse Gleichgültigkeit, welche es am liebsten sah, wenn die herkömmliche Kirchenmusik ein Kompromiß mit der Oper abschloß, und möglichst zugunsten der letzteren, denn in dieser war der Schwerpunkt des allgemeinen musikalischen Interesses gelegen. Ganz anders war es am Hofe Wilhelm Ernsts. Der Herzog hatte die tiefe Überzeugung, daß die kirchlich protestantische Religion das höchste der menschlichen Güter sei, welches aber nicht das übrige Leben mit all seinen Äußerungen und Beziehungen ausschließe, sondern nur in sich verdichte und einem reineren Ideale zuwende. Künstlerische Bestrebungen im Gebiete der Kirche mußten ihm daher als etwas ausnehmend Löbliches und Förderndswertes erscheinen, besonders wenn er bemerkte, wie ein hochbegabter Mann den größten Teil seiner gewaltigen Kraft an diese Aufgabe wandte. Was aber seine Ansicht war, bildete zugleich die des größten Teils seiner Umgebung, und Bach konnte sich überzeugen, daß seiner Musik schon deshalb, weil sie kirchlich war, Teilnahme geschenkt wurde. Er fühlte sich getragen von der Gunst einer Mehrheit, in deren Schätzung alles was mit der Kirche zusammenhing den obersten Platz einnahm. Zustimmung und Anteil seiner Mitmenschen ist aber auch für den stärksten Geist zum Teil notwendig wie die Lebensluft, zum anderen Teil wenigstens erwärmend und stärkend wie Sonnenschein. Der weimarische Hof nimmt sich unter den Fürstenhöfen jener Zeit ganz so ernst und überragend aus, wie Bach schon damals unter den Kirchenkomponisten; beide scheinen wie für einander bestimmt gewesen.

Letzte Partiturseite der Messe h-Moll

✔ Beschreiben Sie die grundsätzliche Aussage der Texte von Spitta und Geck und formulieren Sie die Positionen beider Autoren mit eigenen Worten.

✔ Lassen sich aus Ihrer Sicht die Aussagen der Texte mit Ihren Beobachtungen an den beiden Bachschen Kompositionen belegen?

✔ Sollte man die Positionen nicht belegen können: Welche weiteren Untersuchungen müssten Sie vornehmen, um die Aussagen zu veri- oder zu falsifizieren.

Hieronymus Bosch
(1450–1515)
Das Jüngste Gericht

Die Bibel setzt sich ausführlich mit Tod und Sterben auseinander. Dabei spiegeln die verschiedenen – in unterschiedlichen Zeiten entstandenen – Texte die in den Jahrhunderten sich wandelnden Vorstellungen vom Tod wider. Dass der Mensch sterblich ist, findet sich bereits im 1. Buch Mose. Dort heißt es: *Du bist Erde und sollst zu Erde werden* (1. Mose 3,19). Der Tod wird als ein natürliches Ereignis hingenommen – vorausgesetzt, man stirbt *in einem guten Alter* und *lebenssatt*. Wenn er jedoch zur Unzeit droht, erscheint er als sinnlos, und Gott wird angerufen, ihn abzuwenden (Psalm 102,25: *Mein Gott, nimm mich nicht hinweg in der Hälfte meiner Tage*). Solche Bitte zeigt, dass das „natürliche“ Ereignis des Todes als ein Handeln Gottes verstanden wird, der Leben gibt und nimmt. Das Alte Testament kennt noch nicht die erst später ausgeprägte Hoffnung, dass Gott auch im Reich des Todes heilsmächtig ist. Gott kann freilich auch den Tod als Strafe verhängen; so haben Mörder oder Frevler ihr Leben verwirkt.

Das Neue Testament dagegen ist von der Hoffnung auf die Auferstehung der Toten geprägt. Der christliche Glaube ist gewiss, dass Jesus Christus lebt – als der Auferstandene, als einer, der den Tod hinter sich hat. Durch diese Erfahrung bekommt Leben einen doppelten Sinn: als zeitliches Leben, das im Tode endet, und als ewiges Leben in der Gemeinschaft mit Gott. Entsprechendes gilt für den Tod: der zeitliche Tod kann uns nicht von Gott trennen – aber hinter ihm erscheint die Drohung des ewigen Todes, in dem Gott seine Gemeinschaft entzieht. Auf diesen ewigen Tod bezieht sich auch, was Paulus vom Tod als *der Sünde Sold* sagt. Wenn aber die Vergebung Gottes uns vor dem ewigen Tode bewahrt, dann verliert auch der leibliche Tod seinen Schrecken. Er wird zum *Schlaf* (1. Kor. 15,6.18), aus dem Gott den Menschen „auferstehen“ lässt zu neuem Leben.

Der Tod in der Kunst des Mittelalters

Kaum etwas beschäftigte und beschäftigt noch heute die Menschen mehr als die Frage nach dem Tod. Im Mittelalter war sie sogar prägend für die gesamte Epoche, wobei das Leben nach dem Tod eine zentrale Rolle spielte. Auch in der Malerei des ausgehenden Mittelalters kann man dieses Thema wiederfinden. Besonders eindrucksvoll wird dies im Hieronymus Boschs Gemälde *Das Jüngste Gericht* deutlich. Bosch beschreibt in den zahlreichen Details, was Menschen ängstigt, wenn sie sich den Übergang in die Ewigkeit vorstellen.

Neutestamentliche Quellen zur Frage des Todes

Mt 12, 36
„Ich sage euch: Über jedes unnütze Wort, das die Menschen reden, werden sie am Tag des Gerichts Rechenschaft ablegen müssen, denn aufgrund deiner Worte wirst du freigesprochen, und aufgrund deiner Worte wirst du verurteilt.“

Röm 2, 5
„Weil du aber starrsinnig bist und dein Herz nicht umkehrst, sammelst du den Zorn gegen dich für den ‚Tag des Zorns‘, den Tag der Offenbarung von Gottes gerechtem Gericht. Er wird jedem vergelten wie es seine Taten verdienen.“

Off 6, 13
„Die Sterne des Himmels fielen herab auf die Erde, wie wenn ein Feigenbaum seine Früchte abwirft, wenn ein heftiger Sturm ihn schüttelt. Der Himmel verschwand wie eine Buchrolle, die man zusammenrollt, und alle Berge und Inseln wurden von ihrer Stelle weggerückt. Und die Könige der Erde, die Großen und die Heerführer, die Reichen und die Mächtigen, alle Sklaven und alle Freien verbargen sich in den Höhlen und Felsen der Berge. Sie sagten zu den Bergen und Felsen: Fallt auf uns und verbergt uns vor dem Blick dessen, der auf dem Thron sitzt, und vor dem Zorn des Lammes; denn der große Tag ihres Zorns ist gekommen. Wer kann da bestehen?“

Die Angst vor der ewigen Höllenverdammnis auf der einen und die Hoffnung auf Erlösung auf der anderen Seite wurde auch in der Literatur, z. B. von Dante (1265–1321), verarbeitet. In *La Divina Commedia*, einer Zusammenstellung von 100 Canti (Gesängen) mit 14.233 Versen, formulierte Dante die Vorstellung vom Jüngsten Gericht im Mittelalter und prägte diese bis in die Gegenwart hinein.

Die Hölle (ital. *inferno*) bildet nach Dantes Vorstellung eine riesige, unterirdische Höhle. Sie entstand, als Luzifer – ein Engel, der sich gegen Gott erhoben hatte – aus dem Himmel gestürzt wurde und durch seinen Aufprall einen gewaltigen Trichter riss, in dessen Spitze im Erdmittelpunkt er stecken blieb. Dante und sein Begleiter Vergil steigen die Terrassen dieses getreppten Trichters hinab. Auf jeder Stufe begegnen sie Verdammten, die dort entsprechend ihrer Sünde eine Strafe erleiden. Die Wollüstigen z. B. werden vom Sturm umhergeworfen, so wie sie im Leben von ihren Leidenschaften getrieben wurden. Keiner der Verdammten kann mehr hoffen, den Qualen zu entkommen. Daher der Spruch über dem Höllentor: *„Ihr, die ihr eintretet, lasst alle Hoffnung fahren!"*

Der Läuterungsberg ist ebenfalls in Kreisen aufgebaut, wie ein getreppter Kegel. Und wie in der Hölle entspricht die Art der Buße den Vergehen. Auf der Spitze des Berges liegt der Garten Eden, wo die Seelen ihr Gedächtnis reinigen und die Kraft gewinnen, ins Paradies aufzusteigen.

Der Florentiner Maler Sandro Botticelli schuf zwischen ca. 1480 und 1495 einen Zyklus von Illustrationen zur Divina Commedia. Die teilweise kolorierten Zeichnungen schildern die Reise des Dichters und Ich-Erzählers, Dante Alighieri, durch die drei Reiche des Jenseits: Hölle, Läuterungsberg und Paradies.

Auch in späterer Zeit sind die Maler von Dantes Versen inspiriert worden: Johann Heinrich Füssli, ein Zeitgenosse Mozarts, hat fünf Verse des fünften Gesangs in seinem Bild *Buonconte da Montefeltro* umgesetzt. Es schildert in fast schon expressionistischer Weise die Angst des Menschen vor dem *Dies irae*, dem *Tag des Zorns* und dem Jüngsten Gericht.

Johann Heinrich Füssli (1741–1825), *Buonconte da Montefeltro* (De Divina Commedia)

Dante: Purgatorio, 5. Gesang, vv-103–108
„Ich sag die Wahrheit, bring du sie nach drüben. Der Engel Gottes griff mich, der der Hölle schrie: ‚Du vom Himmel, lass mir meine Beute. Du kannst dir seine ewige Seele nehmen um einer Träne willen, die ihn rettet, doch mit dem Leibe will ich's anders treiben'."

✔ Informieren Sie sich über den Gesamtaufbau von Dantes *Göttlicher Komödie.* Lesen Sie den 5. Gesang der Purgatio.

✔ Untersuchen Sie die verschiedenen Darstellungen zu Dantes *Göttlicher Komödie* unter der Frage, ob sich daraus unterschiedliche Vorstellungen vom Tod erkennen lassen. Ziehen Sie zum Vergleich Ihr eigenes Bild heran. Beziehen Sie auch den Text des gesamten 5. Gesanges in Ihre Interpretation ein.

✔ Stellen Sie die Bildelemente in den Bildern von Bosch und Füssli zusammen und versuchen Sie, die unterschiedlichen Deutungen des Jüngsten Gerichts auf Grund der Bildsprache zu beschreiben.

Sandro Botticelli (1444–1510) *Inferno Canto 18*

✔ Überlegen Sie, warum das Requiem auf die liturgischen Hauptteile Gloria und Credo verzichtet.

✔ Erarbeiten Sie sich zunächst singend die beiden Vertonungen (Sequenz und evangelisches Gemeindelied) des *Dies irae*.

✔ Untersuchen Sie, wie sich das gregorianische *Dies irae* von der Vertonung des Themas als Kirchenlied unterscheidet. Überlegen Sie zugleich, was der Beweggrund für eine Vertonung als Strophenlied gewesen sein mag.

Die katholische Totenmesse, das Requiem, gewann besonders seit dem späten 18. Jahrhundert und erst recht im 19. Jahrhundert für Komponisten wie Mozart, Cherubini, Berlioz oder Verdi an Bedeutung, die protestantischen dagegen, allen voran Heinrich Schütz oder J. S. Bach, griffen auf Psalmen, freie Texte und Choräle zurück, die das Verlassensein des Menschen in der Todesstunde und sein Geborgensein vor Gott thematisieren. Neben bildenden Künstlern haben sich auch Komponisten immer wieder mit den Vorstellungen von Tod und Sterben auseinander gesetzt.

Dieses Kapitel betrachtet zwei Vertonungskomplexe genauer:

- Das *Dies irae* aus den Requiem-Vertonungen Wolfgang Amadeus Mozarts und des heutigen Komponisten Thomas Hettwer
- *Weinen, Klagen* von Johann Sebastian Bach und die Variationen darüber von Franz Liszt.

Zuvor jedoch werden die liturgischen Wurzeln vorgestellt.

Aufbau der Messe im Vergleich mit dem Requiem

Messe	Requiem
Introitus	Introitus: Requiem aeternam dona eis
Kyrie eleison – Christe eleison – Kyrie eleison	Kyrie eleison – Christe eleison – Kyrie eleison
Gloria in excelsis Deo	
Graduallied	Graduale Tractus Sequenz: Dies irae
Credo in unum Deum	
Offertorio	Offertorio: Domine Jesu Hostias
Sanctus Benedictus	Sanctus Benedictus
Agnus Dei	Agnus Dei
Communio	Communio: Lux aeterna
	Responsorium: Libera me, Domine

Sequenz:
(lat. Sequentia), ein Gesang der römischen Messliturgie. Die Texte sind sehr eingängig, große Intervallsprünge und die Vorliebe für einen weitgespannten Ambitus charakterisieren das melodische Gefüge. Gegenüber der Ordnung der traditionellen (gregorianischen) Choralgesänge eröffnete sich im Zusammenhang mit den Sequenzen die Möglichkeit lokaler Selbständigkeit in der feierlichen Gestaltung des Gottesdienstes.

Zur Geschichte des Requiems

Das lateinische Requiem ist einer der ältesten Texte der katholischen Liturgie, in seiner heutigen Form geht es aber auf ein päpstlichen Dekret von 1570 zurück. Die ältesten mehrstimmigen Sätze stammen aus dem 15. Jh. Der erste vollständig erhaltene Zyklus stammt von Ockeghem (ca. 1410–1497). Seinen Namen trägt es von seinem Anfang her: *„Requiem aeternam dona eis requiem, Domine“* (Ewige Ruhe gib ihnen, Herr). Zunächst war das Requiem ausschließlich als Messe für die Toten gedacht. Dabei weist es formal einige Besonderheiten gegenüber einer herkömmlichen Messe auf: Es verfügt, wie die Tabelle zeigt, über einen Introitus, eine Sequenz und eine Communio, verzichtet aber auf Gloria und Credo. Die im 13. Jahrhundert entstandene Sequenz *Dies irae* steht häufig im Mittelpunkt des kompositorischen Interesses.

Eine frühe Transformation des *Dies irae* im Sinne von Luthers Bibelauffassung findet sich in einem der ersten evangelischen Gesangbücher (Wittenberg, 1529).

Es ist gewißlich an der Zeit
Nach dem lateinischen *Dies irae, dies illa* (um 1150) und einem deutschen Lied (um 1565) bearbeitet von Bartholomäus Ringwaldt 1582

Säkularisierung: „Verweltlichung", Loslösung von den Bindungen der Kirche

In der Folgezeit steht das Requiem als Ganzes bis in die Generation der Wiener Klassik im Zeichen des konzertierenden, oft mehrchörigen Messestils der Italiener. Mozarts Requiem bildet den Höhepunkt der Requiem-Vertonungen des 18. Jahrhunderts. Die Dramatik der „Höllenangst" hat die Komponisten immer wieder angeregt, die musikalischen Elemente (besonders der Instrumentation, des Tempos, der räumlichen Gestaltung) auszureizen. Im 19. Jahrhundert bietet das Requiem durch seinen sinfonischen Charakter der Instrumentation und der Themenbildung für Komponisten wie Dvořák, Schumann oder Rheinberger eine Möglichkeit Tod und Sterben ganz allgemein zu thematisieren. Die Abwendung weg vom Kirchenraum hin zum Konzertsaal ist dafür ein zusätzlicher Beleg.

Eine Sonderrolle für die Gattung Requiem spielt *Ein deutsches Requiem* von Brahms, eine der ersten protestantischen Vertonungen (neben der Schumanns), welche nicht auf den lateinischen Text, sondern auf Bibelstellen des Alten und des Neuen Testaments zurückgreift (s. Kapitel Chronik … 1750–1914).

Auch im 20. Jahrhundert spielt diese Gattung trotz der Säkularisierung eine wichtige Rolle, weil sie für zahlreiche Komponisten die Gelegenheit bietet, über das Sterben zu reflektieren; hier sei nur auf Kompositionen von Britten, Penderecki, B. A. Zimmermann, Henze oder Ligeti hingewiesen.

Die Sequenz *Dies irae*

„Dies irae, dies illa solvet saeclum in favilla teste David cum Sybilla.
Quantus tremor est futurus quando judex est venturus, cuncta stricte discussurus."

„Tag des Zorns, jener Tag, der die Welt in Asche wandelt, wie David mit Sybilla bezeugt.
Welches Zagen wird sie fassen, wenn der Richter erscheinen wird, sämtliches streng zu prüfen."

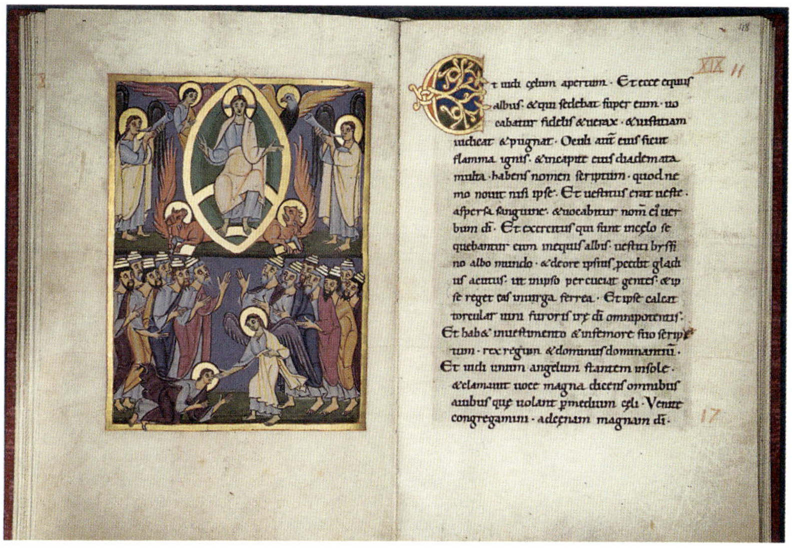

Bamberger Apokalypse:
Das große Halleluja
(Fol. 47v/48r)

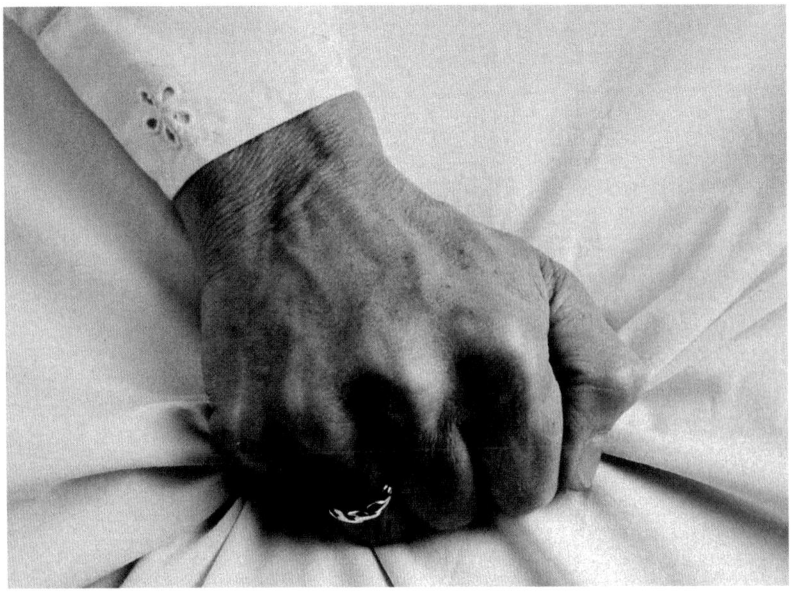

aus *Die Zeit* April 2001

Das Requiem – drei Vertonungen

Auf den folgenden Seiten sollen die Vertonungen des Dies irae – der bereits aus dem 12. Jahrhundert überlieferten Sequenz der Totenmesse – von Mozart und Hettwer miteinander verglichen werden, weil an ihnen Gemeinsames und Divergierendes sehr gut erkannt werden kann. Beide Sätze scheinen für eine bestimmte Auffassung vom Sterben zu stehen, wenn man sich allein auf die musikalische Sprache beschränkt. War zu Zeiten Mozarts das Christentum trotz freidenkerischer Ansätze noch eine der Grundlagen der Gesellschaft, verändert sich dies im 19. und dann besonders stark im 20. Jahrhundert. Heute scheint das Umgehen mit Sterben und Tod immer weniger in einem Zusammenhang mit dem christlichen Glauben gesehen zu werden. Zeitlich gesehen steht zwischen Mozart und Hettwer die spätromantische Komposition von Franz Liszt, die wegen ihres Gestus zu einem Vergleich herangezogen werden kann.

Requiem d-Moll KV 626, Dies Irae Wolfgang Amadeus Mozart

Das *Requiem d-Moll* von W. A. Mozart

Mozarts Requiem entstand in seinem letzten Lebensjahr. Unumstritten ist, dass es sich dabei um einen Kompositionsauftrag – allerdings von einem anonymen Auftraggeber – handelt.
Nach der Überlieferung bekam Mozart den Auftrag im Frühsommer 1791 von einem maskierten, in schwarz gekleideten Mann, der weder seinen noch den Namen seines Auftraggebers nannte. Der geheimnisvolle Auftritt des Unbekannten, die dunkle Kleidung und die gewünschte Totenmesse hinterließen bei Mozart ein merkwürdiges Gefühl. Er soll – nach Angaben seiner Frau – geglaubt haben, er arbeite an seinem eigenen Requiem. Der Auftritt des geheimnisvollen Boten hatte dabei aber einen ziemlich banalen Hintergrund. Er kam im Auftrag von Franz Graf von Walsegg-Stuppach, einem Musikliebhaber und dilettierenden Komponisten. Der Graf, dessen Frau unlängst gestorben war, wollte ihr zu Ehren ein Requiem aufführen lassen. Er hatte bereits öfter bei anerkannten Komponisten Werke bestellt, die er dann unter eigenem Namen aufführen ließ. Aufgrund dieses geistigen Diebstahls wollte er unerkannt bleiben und ließ seinen Boten anonym auftreten, wahrscheinlich handelte es sich dabei um seinen Gutsverwalter Franz Anton Leitgeb. Eigentlich wollte Mozart den Auftrag zunächst nicht annehmen, doch man bot ihm ein gutes Entgelt, welches er in seiner finanziell misslichen Lage nicht ausschlagen konnte. Auch seine Frau Constanze drängte ihn – schon wegen der Anzahlung – zur Komposition.
Tragisches umgibt das Werk: Mozart konnte es selbst nicht mehr vollenden. Schon schwer erkrankt schrieb er es nur zu Teilen, die dann – auf der Basis vorhandener Skizzen – von Mozarts Schülern, vorrangig von Franz Xaver Süßmayr (1766–1803), ergänzt wurden.
II, 17
Mozart vertont im Requiem die fünf Ordinariumsteile der Totenmesse, wie es offenbar zu seiner Zeit in Salzburg und Wien üblich war. 1772 hatte er bei einer Aufführung von Michael Haydns Requiem für den Salzburger Fürsterzbischof mitgewirkt, welches die gleichen Teile enthält. Der Gesamtaufbau des Werkes ist wie folgt:
1. Requiem mit Kyrie
2. Sequenz
3. Offertorium
4. Sanctus mit Osanna und Benedictus
5. Agnus Dei mit Communio.

✔ Beschreiben Sie die Wirkung des Satzes. Beziehen Sie dabei auch die Instrumentation in Ihre Überlegungen mit ein.

✔ Gibt es Ihrer Meinung nach biblische Begründungen für die Verwendung von Bläsern im *Dies irae*?

✔ Singen Sie zunächst die Takte 1–19 vierstimmig und beschreiben Sie den melodischen Gestus der Oberstimme. Schreiben Sie dann die Sopranstimme auf ein Notenblatt und markieren Sie alle Töne, die zur jeweiligen Harmonie gehören. Diskutieren Sie, ob man von einem eigenständigen thematischen Gebilde sprechen kann.

✔ Erstellen Sie eine formale Analyse der Takte 1–19 und zeigen Sie den harmonischen Verlauf dieser Takte auf!

Thomas Hettwer (*1963)

Thomas Hettwer

- geboren am 3. April 1963 in Hamburg
- 1979 Preisträger beim Landeswettbewerb „Jugend musiziert"
- Absolvent der Hochschule für Musik und Theater in Hamburg
- Komposition der Filmmusik für die Fernsehserien *Briefgeheimnis, Neues vom Süderhof, Mensch, Pia!, TKKG – Club der Detektive* und *Die Kinder vom Alstertal*
- seit 1993 Professor für Klavierimprovisation und Liedbegleitung an der Hochschule für Musik und Theater in Hamburg

Das *Requiem* von Thomas Hettwer

Das Werk des Hamburger Komponisten Thomas Hettwer entstand 1989 als Auftragswerk für die Hauptkirche St. Petri in Hamburg. Wegen seiner klaren Thematik und seiner stilistischen Vielfalt wurde es seitdem sehr häufig und stets mit großem Erfolg besonders bei Jugendlichen wieder aufgeführt.
Das 60-minütige Werk hält sich konsequent an die lateinische Vorlage des Requiems und verwendet folgende Besetzung:

- Sopran und Tenor als Solisten
- Gemischter Chor
- Flöte
- Oboe
- Trompeten
- Posaune
- Sopran- und Altsaxophon
- E-Gitarre/E-Bass
- Percussion
- E-Piano/Keyboards

Das Werk verfügt über zwölf Sätze, die gänzlich unterschiedlich gestaltet sind, d. h. neben sehr deutlichen Elementen aus der Rockmusik werden immer wieder klassische Formen bis hin zur Fuge verwendet.

In der Vertonung der Sequenz *Dies irae* gliedert Hettwer deutlich die verschiedenen Textteile. Von besonderer Eindringlichkeit ist die Gegenüberstellung von Chorstimmen und Bläsern auf der einen und Bässen auf der anderen Seite. II, 18

Cover CD

✔ Vergleichen Sie die drei *Dies irae*-Vertonungen, indem Sie Gemeinsamkeiten und Unterschiede in einer Übersicht herausarbeiten. Achten Sie dabei insbesondere auf das *Quantus tremor.*

✔ Versuchen Sie, Aspekte des Textes von Marianne Gronemeyer auf die rhythmische Struktur der Requiemvertonung Hettwers zu beziehen.

✔ Setzen Sie sich mit der Frage auseinander, ob Sie selbst für eine Trauerfeier Musik aussuchen würden. Könnten Sie sich eine der drei Kompositionen für die von Ihnen ausgerichtete Trauerfeier vorstellen?

Marianne Gronemeyer: Das Leben als letzte Gelegenheit

„Die bedeutsame Zeit der Heilsgeschichte war fragwürdig geworden in diesem von Krisen, Seuchen, Beben und Kriegen … geschüttelten Jahrhundert. Es entsteht ein Bedarf nach kalkulierbarer Zeit. Der monotone Schlag der neuen Uhren ist der Garant der Unbestechlichkeit. Gerade ihre Gleichgültigkeit gegenüber der Bedeutung von Geschehnissen macht ihre Verlässlichkeit aus. Was an den Stadttürmen installiert wird, ist objektivierte Zeit. Objektiv ist diese Zeit in doppeltem Sinn: Sie ist ein dingliches Gegenüber, ein in die Welt gesetztes Machwerk. Und sie ist zum anderen abstinent gegenüber Sinn und Bedeutung, unberührt vom Weltgeschehen und vom Lauf der Dinge, von eherner Gleichförmigkeit. Sie hat ihren Sitz in der Uhr. Dort entsteht sie, von dort aus verschafft sie sich Geltung."

Requiem, Dies irae, T. 26–29

Musik: Thomas Hettwer

✔ Beschreiben Sie den musikalischen Verlauf des *Dies irae* von Thomas Hettwer. Gehen Sie dabei auch auf die Instrumentation sowie die rhythmische Gestaltung ein.

✔ Singen Sie den hier abgedruckten Ausschnitt nach Möglichkeit in allen sechs Stimmen. Machen Sie danach Aussagen zur Melodieführung und zur Harmonik.

✔ Entwerfen Sie ein Formschema auf der Basis der Textteile.

✔ Überlegen Sie, welche musikalische Aussage diese Version des *Dies irae* haben mag.

Hans Heinrich Eggebrecht, einer der wichtigsten deutschen Musikwissenschaftler der zweiten Hälfte des 20. Jahrhunderts, hat sich kurz vor seinem Tod über das Verhältnis von Musik und Tod geäußert:

„Kunst, und zumal die begriffslos schöne Musik, ist von der Wirklichkeit getrennt, sie mag sich noch so sehr anstrengen, sie zu erreichen. Die Ästhetisierung einer Freundschaft oder Liebe, eines Leidens oder einer Trauer, und was alles hier genannt werden könnte, ist als Entwirklichung problematisch. Die größte Wirklichkeit des Lebens aber ist der Tod. Deshalb ist die Musik, wo und wie auch immer sie sich des Todes annimmt, von der Wirklichkeit am meisten getrennt.

Das Leben braucht die Kunst. Emphatisch ausgedrückt, braucht das Leben die Kunst um zu überleben. Aber in ihrer Ästhetisierungstendenz ist Kunst immer problematisch, und am meisten ist sie es dort, wo es die Wirklichkeit ist, das Nichtdistanzierte, das sein und herrschen soll – problematisch wird sie dort bis zum Gebot des Verschwindens. Wo aber im Leben des einzelnen Menschen der Tod als aktuelle Wirklichkeit da ist und herrscht, da wird – das lehrt die persönliche Erfahrung und nur sie – alle Ästhetisierung unaktuell und verschwindet auch die Musik von selbst."

✔ Diskutieren Sie die Angemessenheit der Position Eggebrechts zur Frage der *„Entwirklichung"*, die durch die Musik geschieht.

Franz Liszt (1811–1886)

Franz Liszt: Das *Dies irae* aus dem *Requiem für Orgel*

Franz Liszt komponierte 1883 für die Orgel ein sehr kurz gefasstes Requiem. Diese Komposition hat gewisse Ähnlichkeiten mit denen von Mozart und Hettwer – und zwar weniger in der Harmonik als in der Satzstruktur. II, 19

Um sich mit der Frage der kirchlich geprägten Todesmusik auseinandersetzen zu können, muss man seine persönliche Stellung zum Sterben überdenken. Dabei wird man nicht umhin können, die eigene Zeitlichkeit ins Auge zu fassen. Die Begrenztheit der eigenen Zeit verweist stets auf das Ende. Die die Zeit messende Uhr betont zwar immer das Wiederkehrende, doch werden durch sie auch Anfang und Ende erst verstehbar. Von daher unterscheidet man zwischen einer objektiven (gemessenen) und einer gelebten subjektiven Zeit.

Requiem für Orgel, Dies irae Franz Liszt

✔ Beschreiben sie vom Hören her den Charakter der Musik.

✔ Bestimmen sie die Tonart und das Tempo des Satzes und versuchen Sie, diese Parameter auf den Text des *Dies irae* zu beziehen.

✔ Vergleichen sie Liszts Interpretation des Textes mit der von Hettwer und Mozart.

Johann Sebastian Bach: Kantate *Weinen, Klagen, Sorgen, Zagen*, BWV 12

Unabhängig von der Begrenztheit, mit der die Musik auch nur in Grenzen sich selbst angesichts des Todes ausdrücken kann, haben Komponisten immer wieder ihr eigenes Leiden in Musik gefasst. Johann Sebastian Bach hat beispielsweise in seiner Kantate BWV 12 zum Sonntag Jubilate des Jahres 1714 *Weinen, Klagen, Sorgen, Zagen, Angst und Not sind der Christen Thränenbrot* einen Text des Dichters Salomon Franck gewählt, der sich auf das Johannesevangelium (16, 16–23) bezieht. Das Leiden der Christen wird ganz individuell verstanden und am Ende der Kantate mit dem Choral *Was Gott thut, das ist wohlgethan* beendet. Eröffnet wird die Kantate mit einer einleitenden Sinfonia, auf die der genannte Chorsatz folgt. Er basiert auf einem stets wiederkehrenden Lamento-Bass, der bereits seit dem 17. Jahrhundert als Chaconne verwendet wird. Über diesem Bass entwickelt sich der Chorsatz teilweise imitatorisch, teilweise homophon verdichtet. II, 20

✔ Kontrastieren Sie die Position Eggebrechts (S. 49) mit der Bachs in seiner Kantate.

✔ Beschreiben Sie die Gestalt und den Ausdrucksgehalt des Basses.

Kantate *Weinen, Klagen, Sorgen, Zagen*, BWV 12

Johann Sebastian Bach

Variationen über den basso continuo des ersten Satzes der Kantate Weinen, Klagen von Franz Liszt

Franz Liszt, gefeierter Klaviervirtuose, höchst anerkannter Dirigent und nicht unumstrittener Komponist, schreibt sein *Weinen, Klagen* im November 1862 nach dem Tode seiner Tochter Blandine, die im Alter von fast 27 Jahren verstarb. In der überliefert vorliegenden Form wurde es (so die autographe Datierung) im Februar 1863 in Rom fertig gestellt. Zugleich aber hat Liszt noch eine eigene Fassung für Klavier vorgelegt. Die Komposition ist seinem Schüler und Freund Gottschalg gewidmet, einem Organisten und Kantor in Tieffurt.

Die Komposition fällt nicht nur in eine Zeit größter Trauer um die eigene Tochter. Liszt schrieb an Brendel, er sei wegen des Verlusts *„sozusagen unzurechnungsfähig anderwärtiger Angelegenheiten"*. Bereits 1859 hatte er seinen 20-jährigen Sohn Daniel verloren. Zugleich steht *Weinen, Klagen* an einem gewaltigen biographischen Einschnitt. 1860 hatte Liszt seine Hofkapellmeisterstelle in Weimar aufgegeben und suchte eine Neuorientierung, indem er sich sehr stark am Katholizismus orientierte und – allerdings nicht nur deswegen – nach Rom ging. 1861 zerschlug sich dann die lang angestrebte Heirat mit der Fürstin Wittgenstein, weil der Papst ihrer Scheidung nicht stattgegeben hatte.

Zudem beobachtete Liszt eine zunehmende Entfremdung anderer Komponisten und Interpreten ihm gegenüber: *„... Mehrere meiner näheren Freunde, Joachim z. B. und Schumann und Andere, haben sich meinen musikalischen Gestaltungen gegenüber fremd, scheu und ungewogen gestellt. Ich verüble ihnen dies keineswegs und kann es nicht entgelten, da ich stets ein aufrichtiges und eingehendes Interesse an ihren Werken empfinde."* (Liszt an Richard Wagner, 19. April 1857)

Insofern ist *Weinen, Klagen* nicht nur als Komposition aus sich selbst heraus verständlich, sondern immer auf dem Hintergrund der Biographie zu sehen.

Liszt hatte ein sehr intensives Verhältnis zur Orgel. Insbesondere die vom damals berühmten Orgelbauer Friedrich Ladegast erbaute Orgel des Merseburger Doms hatte ihn zu Kompositionen inspiriert. 1855 wurde dort nach zweijähriger Bauzeit der grundlegende Umbau eines barocken Vorgängerinstrumentes fertig, das seinen prächtigen Prospekt aus dem Jahre 1665 behielt. Mit ihren 5.687 Pfeifen gilt die Ladegast-Orgel als eine der größten, klangstärksten und vor allem auch klangschönsten Orgeln.

Das Echo auf das Einweihungskonzert geriet enthusiastisch, die Synthese zwischen einem Instrument, das sowohl die barocken als auch die romantischen Klangvorstellungen realisierte, war gelungen. Der Musikkritiker und Herausgeber der Leipziger Neuen Zeitschrift für Musik, Franz Brendel, schrieb nach der Einweihung 1855: *„... daß dieses Orgelwerk einen neuen Abschnitt in der Orgelbaukunst bezeichne, indem hier Dinge erreicht sind, die bisher an keiner anderen Orgel vorkommen. [...] An Kraft und Fülle kommt sie beim Gebrauch des vollen Werkes [...] den besten gleich. [...]"* Auch Liszts *Weinen, Klagen* muss man sich für dieses Instrument gedacht vorstellen.

Wie sehr Liszt grenzüberschreitend komponiert, lässt sich an seinen *Variationen über den basso continuo des ersten Satzes der Cantate, Weinen, Klagen, Sorgen, Zagen' und des Crucifixus der H-Moll-Messe von Sebastian Bach* erkennen. Das Bassthema entstammt, wie der Titel bereits sagt, dem Chor der Bachkantate (die Formulierung, es handele sich um den 1. Satz der Kantate, ist nicht ganz korrekt, weil vor dem Chorsatz noch eine Einleitungssinfonia gestellt wurde), doch sind die hinzukomponierten Variationen ebenso wie die gesamte formale Anlage sehr stark symphonisch bzw. pianistisch konzipiert. Wie die Kantate auch endet das Werk mit dem schlichten vierstimmigen Choral *Was Gott tut, das ist wohlgetan*.

Doch neben diesen unmittelbaren Parallelen zur Vorlage Bachs geht Liszt gänzlich frei mit dem Bass um. Dabei komponiert er nach dem Prinzip einer immer stärker werdenden Entfernung von dem vorgegebenen Material, baut verschiedene Höhepunkte in die Komposition ein und „spielt" mit der Satzstruktur, indem er zwischen dichten Akkorden oder Akkordbrechungen und einem durchsichtigen Stimmennetz hin und her schwankt. II, 21

✔ Informieren Sie sich über das Leben von Franz Liszt insbesondere in den Jahren zwischen 1848 und 1863. Versuchen Sie aus den Daten Rückschlüsse dafür zu ziehen, warum und in welcher Weise er sich kirchenmusikalischen Kompositionen zuwendet.

Interessante aufführungspraktische Angaben zu den *Variationen über Weinen, Klagen* finden sich auf dem Titelblatt und sind höchst widersprüchlich: Sie können weder als gottesdienstliche noch als bloße Konzertmusik eingeordnet werden. Sie scheinen wegen der Textvorlage und der Instrumentenangabe „Orgel" den Kirchenraum zu fordern und orientieren sich dennoch wegen des virtuosen Zugriffs am Konzertsaal. Der Pedalflügel aber, den Liszt extra für sich hatte bauen lassen, und auch das Harmonium weisen eindeutig auf die Hausmusik.

✔ Überlegen Sie, warum Liszt unterschiedliche Instrumente für die Aufführung vorschlägt.

Liszt komponiert einen Schluss, der weit über das hinausgeht, was er bei Bach vorgefunden hat. Der Choral *Was Gott tut, das ist wohl getan* erfährt eine Erweiterung, die sich wie eine eigenständige Antwort auf den eigentlichen Text der Variationen *Weinen, Klagen, Angst und Not sind der Christen Thränenbrot* verstehen lässt. II, 22

Ohne die biographischen Umstände der Komposition ist dieser Schluss nicht zu verstehen. Doch muss sie noch unter zwei weiteren Gesichtspunkten betrachtet werden: Zum einen hat sich Liszt zum wiederholten Mal mit Johann Sebastian Bach auseinander gesetzt, nachdem er 1860 zwei bezeichnende Transkriptionen für die Orgel erstellte: *Aus tiefer Not ruf ich zu dir* und *Ich hatte viel Bekümmernis*. Zum anderen war Liszts Auffassung religiöser Musik bereits zu einem sehr viel früheren Zeitpunkt geprägt; obwohl er sich der katholischen Kirche sehr eng verbunden wusste – immerhin war er ein Abbé –, so waren doch die offenen, nicht an einer engen institutionellen Bindung orientierten Gedanken schon zu einem sehr frühen Zeitpunkt von ihm in einem Aufsatz von 1835 formuliert. Liszt fordert eine *„musique humanitaire"*, die in der Kunst die einigende Kraft sieht, die Menschen zusammenführt:

„Wir meinen eine Erneuerung der religiösen Musik. Zwar bezeichnet man mit diesem Ausdruck gewöhnlich nur diejenige Musik, die in der Kirche während der Feier des Gottesdienstes aufgeführt wird, doch verwende ich ihn hier in seiner weitesten Bedeutung. Zu der Zeit, da der Kult die Glaubensinhalte, die Bedürfnisse und die Sympathien der Völker ausdrückte und zugleich befriedigte, [...] da brauchte die religiöse Musik sich nur in den Bezirk des Mysteriums einzuschließen und konnte sich damit begnügen, den Prachtentfaltungen der katholischen Liturgie als Begleitung zu dienen. Heute, da der Altar bröckelt und schwankt, heute, da Kanzel und religiöse Zeremonien den Stoff für Zweifel und Spott abgeben, muss die Kunst notgedrungen aus dem Tempel heraustreten, sie muss sich ausdehnen und draußen weiträumig entfalten. Wie einst, ja mehr noch, muss die Musik nach dem Volke fragen und nach Gott; sie muss zwischen dem einen und dem anderen vermitteln; den Menschen bessern, veredeln, trösten, Gott preisen und verherrlichen.

Zu diesem Zweck jedoch steht uns die Schöpfung einer neuen Musik bevor, die wesentlich religiös, stark und tätig ist; diese Musik, die wir mangels einer anderen Bezeichnung die menschheitliche nennen wollen, wird Theater und Kirche in kolossalen Ausmaßen in sich vereinigen."

Wenn sich Liszt in seinen *Variationen über Weinen, Klagen* musikalisch äußert, dann geht er davon aus, dass die Botschaft des Leidens und der Überwindung des Leids von allen Menschen verstanden würde, er geht davon aus, dass seine Sprache eine Botschaft ist, die Menschen aller sozialer Schichten erreicht, weil sie verstehbar macht, was sonst nicht verstanden werden kann. Seine musikalische Sprache ist Mit-Teilung, auch die Mit-Teilung von Trauer und Tod.

Variationen über Weinen, Klagen, Anfang

Franz Liszt

Variationen über Weinen, Klagen, Was Gott tut, das ist wohlgetan

Franz Liszt

✔ Gliedern Sie die erste Seite der Partitur formal. Welche Funktion erhalten die Takte 1–16?

✔ Vergleichen Sie die Komposition Liszts mit der Bachs. Sehen Sie Unterschiede in der musikalischen Intention?

✔ Fassen Sie mit eigenen Worten das musikalische Programm Liszts zusammen und diskutieren Sie die Frage, ob seine *Variationen über Weinen, Klagen* noch als Kirchenmusik zu bezeichnen sind.

✔ Kann aus Ihrer Sicht der Anspruch Liszts heute noch gültig sein, dass sich seine Musik allen Menschen verständlich macht?

✔ Diskutieren Sie die Frage, wie auf Sie der Schlusschoral *Was Gott tut, das ist wohlgetan* in der Lisztschen Fassung wirkt.
Welche Bezüge mag der Schluss zu den Texten *Weinen, Klagen …* und *Was Gott tut …* haben?

CD 1

Spielzeit	Lfd. Nr.	Titel des Musikwerkes (A = Ausschnitt)	Komponist	Heftseite
1´10´´	I, 1	Aus tiefer Not schrei ich zu dir (Choral)	Martin Luther	6
4´12´´	I, 2	Missa Papae Marcelli – Benedictus	Giovanni Pierluigi da Palestrina	7
5´17´´	I, 3	Marienvesper – Duo Seraphim	Claudio Monteverdi	7
2´25´´	I, 4	Geistliche Chormusik, 1648 – Verleih uns Frieden SWV 372	Heinrich Schütz	8
4´30´´	I, 5	Nun freut euch, lieben Christen g'mein	Dietrich Buxtehude	8
9´16´´	I, 6	Präludium pro organo pleno Es-Dur BWV 552, 1	Johann Sebastian Bach	9
1´48´´	I, 7	Die Auferstehung und Himmelfahrt Jesu Wq 240 – Judäa zittert	Carl Philipp Emanuel Bach	10
8´08´´	I, 8	Die Schöpfung H 21:2 – Einleitung und Rezitativ Bass	Joseph Haydn	11
5´35´´	I, 9	Messe C-Dur op. 86 – Kyrie eleison	Ludwig van Beethoven	12
2´38´´	I, 10	Messe c-Moll KV 427 – Gloria	Wolfgang Amadeus Mozart	12
4´37´´	I, 11	Elias op. 70 – Der Herr ging vorüber	Felix Mendelssohn Bartholdy	13
5´06´´	I, 12	Ein deutsches Requiem op. 45 – Wie lieblich sind deine Wohnungen	Johannes Brahms	14
6´22´´	I, 13	Missa choralis – Kyrie eleison	Franz Liszt	15
2´30´´	I, 14	Choralvorspiel „Wachet auf, ruft uns die Stimme“	Max Reger	16
6´21´´	I, 15	Grande Pièce Symphonique op. 17 (A)	César Franck	17
6´00´´	I, 16	Orgel-Symphonie Nr. 6 g-Moll, op. 42/2 – Finale Vivace	Charles-Marie Widor	17

CD 2

0´47´´	II, 1	Lobt Gott, ihr Christen, alle gleich	Hugo Distler	18
4´13´´	II, 2	Jesus Christus unser Heiland – Orgelchoral	Johann Sebastian Bach	19
4´16´´	II, 3	L'Ascension – Transports de joie	Olivier Messiaen	20
2´31´´	II, 4	Requiem für einen jungen Dichter – Dona nobis pacem (A)	Bernd Alois Zimmermann	21
3´46´´	II, 5	Requiem – Dies irae (A)	György Ligeti	22
2´36´´	II, 6	Dahlemer Messe – Gloria (A)	Dieter Schnebel	23
4´10´´	II, 7	Set your eyes to Zion	P.O.D.	25
1´47´´	II, 8	Missa de Angelis – Kyrie eleison	anonym, 15. Jh.	28
4´28´´	II, 9	Missa Papae Marcelli – Kyrie eleison	Giovanni Pierluigi da Palestrina	29
2´07´´	II, 10	Messe e-moll – Kyrie eleison	Anton Bruckner	30
4´23´´	II, 11	Christe eleison		31
2´51´´	II, 12	Messe für Bläser und Chor – Kyrie eleison	Igor Strawinsky	32
3´33´´	II, 13	Messe für gemischten Chor a cappella – Kyrie eleison	Paul Hindemith	33
3´57´´	II, 14	Glagolithische Messe – Kyrie eleison	Leoš Janáček	33
0´40´´	II, 15	Nun komm, der Heiden Heiland (Choral)	Johann Sebastian Bach	36
3´18´´	II, 16	Nun komm, der Heiden Heiland, Kantate BWV 61 – Ouverture	Johann Sebastian Bach	37
4´42´´	II, 17	Nun komm, der Heiden Heiland, BWV 659	Johann Sebastian Bach	38
1´55´´	II, 18	Requiem – Dies irae	Wolfgang Amadeus Mozart	47
2´18´´	II, 19	Requiem – Dies irae	Thomas Hettwer	48
1´46´´	II, 20	Requiem für Orgel – Dies irae	Franz Liszt	50
5´57´´	II, 21	Weinen, Klagen, Sorgen, Zagen BWV 12 – Chor: Weinen, Klagen	Johann Sebastian Bach	50
2´47´´	II, 22	Variationen über Weinen, Klagen (A – Anfang)	Franz Liszt	51
3´18´´	II, 23	Variationen über Weinen, Klagen (A – Schluss)	Franz Liszt	52

Texte

S. 3: Friedrich Blume, Geschichte der evangelischen Kirchenmusik, Bärenreiter Verlag, Kassel 1965, S. VII. **S. 4:** Hans H. Eggebrecht: Geistliche Musik – was ist das? In: Musik und Kirche (Jg. 66) 1/1996, S. 3. **S. 11:** Birgit Lodes, Das 19. Jahrhundert, in: Horst Leuchtmann/Siegfried Mauser (Hg.), Messe und Motette, Laaber Verlag, Laaber 1998, S. 282 f.; Friedrich Blume, a. a. O., S. 250. **S. 18:** Hugo Distler, zit. nach: Hermann Danuser, Die Musik des 20. Jahrhunderts (= Neues Handbuch der Musikwissenschaft Bd. 7), Laaber Verlag, Laaber 1984, S. 250. **S. 24:** http://www.wesleyowen.com/stl/pages/Promotions/hillSongs/hillSongs.jhtml. **S. 25:** Thomas Dürr in: www.webmag.de/junges-berlin. **S. 26:** Friedrich Kalb, Der evangelische Gottesdienst, in: Erich Valentin (Hg.), Die evangelische Kirchenmusik, Bosse Verlag, Regensburg 1967, S. 255 f. **S. 28:** Agostino Agazarri, Aus der Generalbassschule, zit. nach: Horst Leuchtmann/Siegfried Mauser (Hg.), a. a. O., S. 177. **S. 30:** Wolfgang Dömling, Anton Bruckner: Geistliche Chorwerke, Text zur Kassette DG 423 127-7. **S. 33:** Thrasybulos Georgiades: Musik und Sprache. Das Werden der abendländischen Musik dargestellt an der Vertonung der Messe, Berlin – Heidelberg – New York (2. Auflage) 1984, S. 127. **S. 40:** Albert Schweitzer, J. S. Bach, Breitkopf & Härtel, Leipzig 1908; Hermann Keller, Die Orgelwerke J. S. Bachs, C. F. Peters Musikverlag, Frankfurt 1969; Peter Williams, Johann Sebastian Bachs Orgelwerke, Schott Verlag, Mainz 1998; Philipp Spitta, Johann Sebastian Bach, Breitkopf & Härtel, Leipzig 1873/1880; Martin Geck, Denn alles findet bei Bach statt, Metzler Verlag, Stuttgart/Weimar 2000. **S. 47:** Thomas Pehlken, W. A. Mozart – Requiem (1791) (= Hundert Meisterwerke 16, www.klassik.com). **S. 48:** Marianne Gronemeyer, Das Leben als letzte Gelegenheit, Wiss. Buchgesellschaft, Darmstadt 1993, S. 82 f. **S. 49:** Hans H. Eggebrecht, Die Musik und das Schöne, Piper Verlag, München 1997, S. 28–33. **S. 51:** Franz Brendel, in: Neue Zeitschrift für Musik, Leipzig 1855; Briefwechsel Wagner/Liszt, Leipzig 1900 (2. Auflage), I, 2 S. 158. **S. 52:** Franz Liszt, De la situation des artistes et de leur condition dans la société, zit. nach: Funkkolleg Musikgeschichte, Begleitbrief 8, hg. vom Dt. Inst. für Fernstudien an der Universität Tübingen 1988, S. 82.

Abbildungen

AKG, Berlin: S. 4, S. 9, S. 10, S. 12, S. 17, S. 18, S. 22 (Niklaus Stauss), S. 29, S. 34, S. 39 o. r., S. 42; **Bachhaus, Eisenach:** S. 38; **BPK, Berlin:** S. 7 o., S. 7 u., S. 8, S. 11, S. 15 (Alfredo Dagli Orti), S. 16, S. 32 (Lipnitzki), S. 33, S. 37 u. (Staatsbibliothek zu Berlin – Preußischer Kulturbesitz, Musikabteilung mit Mendelssohn-Archiv, Berlin), S. 41 u. (Staatsbibliothek zu Berlin – Preußischer Kulturbesitz, Musikabteilung mit Mendelssohn-Archiv, Berlin), S. 43 o. (Kupferstichkabinett, Staatliche Museen zu Berlin – Preußischer Kulturbesitz), S. 50 (Alfredo Dagli Orti), **Corbis, Düsseldorf:** S. 6 (David Lees), S. 12 o. (Archivo Iconografico, S. A.), S. 14, S. 19 (Bettmann), S. 30 (Bettmann); **Deutsche Oper, Berlin:** S. 20 (Bernd Uhlig); **DPA, Frankfurt:** S. 21; **Dresdner Kapellknaben, Dresden:** S. 3 o. r. (Udo Pellmann); **DHM, Berlin:** S. 45 u., **EPD, Frankfurt:** S. 3 l. (Friedrich Stark), S. 3 u. r. (Zöllner), S. 24 u. l., S. 25 u. r. (© epd-bild/Rolf Zöllner); **FOCUS, Hamburg:** S. 46 o. (P. Michaud/Rapho); **Gundel und Hannes Kilian, Wäschenbeuren:** S. 21 u.; **Dt. Historisches Museum**, Berlin: S. 34 Mitte r. (Desnica, Indra), S. 45 u. (Desnica, Indra); **Interfoto, München:** S. 13, S. 17 o.; **Kinder- und Jugendmuseum Prenzlauer, Berlin:** S. 5; **Kunsthaus, Zürich:** S. 43 u. l. © 2003 Kunsthaus Zürich. Alle Rechte vorbehalten.; **Pepper, Martin:** S. 24 (www.martinpepper.de); **Staatsgalerie, Stuttgart:** Coverbild; **Stiftung Weimarer Klassik, Weimar:** S. 41 o. r. (Stefan Renno, Eberhard Renno/Stiftung Weimarer Klassik und Kunstsammlungen); **ullstein bild, Berlin:** S. 20, S. 23, S. 48 (Jüschke, Matthias);

Nicht in allen Fällen war es möglich, den Rechteinhaber der Abbildungen ausfindig zu machen. Berechtigte Ansprüche werden selbstverständlich im Rahmen der üblichen Vereinbarungen abgegolten.

Personenregister

Die Namen in den Zeitleisten der Chronikkapitel sind nicht in das Personenregister aufgenommen.

Sachregister